PERSIANO

VOCABOLARIO

PER STUDIO AUTODIDATTICO

ITALIANO-PERSIANO

Le parole più utili
Per ampliare il proprio lessico e affinare
le proprie abilità linguistiche

7000 parole

Vocabolario Italiano-Persiano per studio autodidattico - 7000 parole
Di Andrey Taranov

I vocabolari T&P Books si propongono come strumento di aiuto per apprendere, memorizzare e revisionare l'uso di termini stranieri. Il dizionario si divide in vari argomenti che includono la maggior parte delle attività quotidiane, tra cui affari, scienza, cultura, ecc.

Il processo di apprendimento delle parole attraverso i dizionari divisi in liste tematiche della collana T&P Books offre i seguenti vantaggi:

- Le fonti d'informazione correttamente raggruppate garantiscono un buon risultato nella memorizzazione delle parole
- La possibilità di memorizzare gruppi di parole con la stessa radice (piuttosto che memorizzarle separatamente)
- Piccoli gruppi di parole facilitano il processo di apprendimento per associazione, utile al potenziamento lessicale
- Il livello di conoscenza della lingua può essere valutato attraverso il numero di parole apprese

T&P Books Publishing
www.tpbooks.com

ISBN: 978-1-78716-749-0

Questo libro è disponibile anche in formato e-book.
Visitate il sito www.tpbooks.com o le principali librerie online.

VOCABOLARIO PERSIANO
per studio autodidattico

I vocabolari T&P Books si propongono come strumento di aiuto per apprendere, memorizzare e revisionare l'uso di termini stranieri. Il vocabolario contiene oltre 7000 parole di uso comune ordinate per argomenti.

- Il vocabolario contiene le parole più comunemente usate
- È consigliato in aggiunta ad un corso di lingua
- Risponde alle esigenze degli studenti di lingue straniere sia essi principianti o di livello avanzato
- Pratico per un uso quotidiano, per gli esercizi di revisione e di autovalutazione
- Consente di valutare la conoscenza del proprio lessico

Caratteristiche specifiche del vocabolario:

- Le parole sono ordinate secondo il proprio significato e non alfabeticamente
- Le parole sono riportate in tre colonne diverse per facilitare il metodo di revisione e autovalutazione
- I gruppi di parole sono divisi in sottogruppi per facilitare il processo di apprendimento
- Il vocabolario offre una pratica e semplice trascrizione fonetica per ogni termine straniero

Il vocabolario contiene 198 argomenti tra cui:

Concetti di Base, Numeri, Colori, Mesi, Stagioni, Unità di Misura, Abbigliamento e Accessori, Cibo e Alimentazione, Ristorante, Membri della Famiglia, Parenti, Personalità, Sentimenti, Emozioni, Malattie, Città, Visita Turistica, Acquisti, Denaro, Casa, Ufficio, Lavoro d'Ufficio, Import-export, Marketing, Ricerca di un Lavoro, Sport, Istruzione, Computer, Internet, Utensili, Natura, Paesi, Nazionalità e altro ancora ...

INDICE

Guida alla pronuncia 10
Abbreviazioni 11

CONCETTI DI BASE 12
Concetti di base. Parte 1 12

1. Pronomi 12
2. Saluti. Convenevoli. Saluti di congedo 12
3. Numeri cardinali. Parte 1 13
4. Numeri cardinali. Parte 2 14
5. Numeri. Frazioni 14
6. Numeri. Operazioni aritmetiche di base 15
7. Numeri. Varie 15
8. I verbi più importanti. Parte 1 15
9. I verbi più importanti. Parte 2 16
10. I verbi più importanti. Parte 3 17
11. I verbi più importanti. Parte 4 18
12. Colori 19
13. Domande 20
14. Parole grammaticali. Avverbi. Parte 1 20
15. Parole grammaticali. Avverbi. Parte 2 22

Concetti di base. Parte 2 24

16. Giorni della settimana 24
17. Ore. Giorno e notte 24
18. Mesi. Stagioni 25
19. Orario. Varie 27
20. Contrari 28
21. Linee e forme 29
22. Unità di misura 30
23. Contenitori 31
24. Materiali 32
25. Metalli 33

ESSERE UMANO 34
Essere umano. Il corpo umano 34

26. L'uomo. Concetti di base 34
27. Anatomia umana 34

28. Testa 35
29. Corpo umano 36

Abbigliamento e Accessori 37

30. Indumenti. Soprabiti 37
31. Abbigliamento uomo e donna 37
32. Abbigliamento. Biancheria intima 38
33. Copricapo 38
34. Calzature 38
35. Tessuti. Stoffe 39
36. Accessori personali 39
37. Abbigliamento. Varie 40
38. Cura della persona. Cosmetici 40
39. Gioielli 41
40. Orologi da polso. Orologio 42

Cibo. Alimentazione 43

41. Cibo 43
42. Bevande 44
43. Verdure 45
44. Frutta. Noci 46
45. Pane. Dolci 47
46. Pietanze cucinate 47
47. Spezie 48
48. Pasti 49
49. Preparazione della tavola 50
50. Ristorante 50

Famiglia, parenti e amici 51

51. Informazioni personali. Moduli 51
52. Membri della famiglia. Parenti 51
53. Amici. Colleghi 52
54. Uomo. Donna 53
55. Età 53
56. Bambini 54
57. Coppie sposate. Vita di famiglia 55

Personalità. Sentimenti. Emozioni 56

58. Sentimenti. Emozioni 56
59. Personalità. Carattere 57
60. Dormire. Sogni 58
61. Umorismo. Risata. Felicità 59
62. Discussione. Conversazione. Parte 1 60
63. Discussione. Conversazione. Parte 2 60
64. Discussione. Conversazione. Parte 3 62
65. Accordo. Rifiuto 62
66. Successo. Fortuna. Fiasco 63
67. Dispute. Sentimenti negativi 64

Medicinali 66

68. Malattie 66
69. Sintomi. Cure. Parte 1 67
70. Sintomi. Cure. Parte 2 68
71. Sintomi. Cure. Parte 3 69
72. Medici 70
73. Medicinali. Farmaci. Accessori 70
74. Fumo. Prodotti di tabaccheria 71

HABITAT UMANO 72
Città 72

75. Città. Vita di città 72
76. Servizi cittadini 73
77. Mezzi pubblici in città 74
78. Visita turistica 75
79. Acquisti 76
80. Denaro 77
81. Posta. Servizio postale 78

Abitazione. Casa 79

82. Casa. Abitazione 79
83. Casa. Ingresso. Ascensore 80
84. Casa. Porte. Serrature 80
85. Casa di campagna 81
86. Castello. Reggia 81
87. Appartamento 82
88. Appartamento. Pulizie 82
89. Arredamento. Interno 82
90. Biancheria da letto 83
91. Cucina 83
92. Bagno 84
93. Elettrodomestici 85
94. Riparazioni. Restauro 86
95. Impianto idraulico 86
96. Incendio. Conflagrazione 87

ATTIVITÀ UMANA 89
Lavoro. Affari. Parte 1 89

97. Attività bancaria 89
98. Telefono. Conversazione telefonica 90
99. Telefono cellulare 90
100. Articoli di cancelleria 91

Lavoro. Affari. Parte 2 92

101. Mezzi di comunicazione di massa 92
102. Agricoltura 93

103. Edificio. Attività di costruzione 94

Professioni e occupazioni 96

104. Ricerca di un lavoro. Licenziamento 96
105. Gente d'affari 96
106. Professioni amministrative 97
107. Professioni militari e gradi 98
108. Funzionari. Sacerdoti 99
109. Professioni agricole 99
110. Professioni artistiche 100
111. Professioni varie 100
112. Attività lavorative. Condizione sociale 102

Sport 103

113. Tipi di sport. Sportivi 103
114. Tipi di sport. Varie 104
115. Palestra 104
116. Sport. Varie 105

Istruzione 107

117. Scuola 107
118. Istituto superiore. Università 108
119. Scienze. Discipline 109
120. Sistema di scrittura. Ortografia 109
121. Lingue straniere 110
122. Personaggi delle fiabe 111
123. Segni zodiacali 112

Arte 113

124. Teatro 113
125. Cinema 114
126. Pittura 115
127. Letteratura e poesia 116
128. Circo 116
129. Musica. Musica pop 117

Ristorante. Intrattenimento. Viaggi 119

130. Escursione. Viaggio 119
131. Hotel 119
132. Libri. Lettura 120
133. Caccia. Pesca 122
134. Giochi. Biliardo 123
135. Giochi. Carte da gioco 123
136. Riposo. Giochi. Varie 123
137. Fotografia 124
138. Spiaggia. Nuoto 125

ATTREZZATURA TECNICA. MEZZI DI TRASPORTO 126
Attrezzatura tecnica 126

139. Computer 126
140. Internet. Posta elettronica 127

Mezzi di trasporto 129

141. Aeroplano 129
142. Treno 130
143. Nave 131
144. Aeroporto 132
145. Bicicletta. Motocicletta 133

Automobili 134

146. Tipi di automobile 134
147. Automobili. Carrozzeria 134
148. Automobili. Vano passeggeri 135
149. Automobili. Motore 136
150. Automobili. Incidente. Riparazione 137
151. Automobili. Strada 138

GENTE. SITUAZIONI QUOTIDIANE 140
Situazioni quotidiane 140

152. Vacanze. Evento 140
153. Funerali. Sepoltura 141
154. Guerra. Soldati 141
155. Guerra. Azioni militari. Parte 1 143
156. Armi 144
157. Gli antichi 145
158. Il Medio Evo 146
159. Leader. Capo. Le autorità 148
160. Infrangere la legge. Criminali. Parte 1 148
161. Infrangere la legge. Criminali. Parte 2 150
162. Polizia. Legge. Parte 1 151
163. Polizia. Legge. Parte 2 152

LA NATURA 154
La Terra. Parte 1 154

164. L'Universo 154
165. La Terra 155
166. Punti cardinali 156
167. Mare. Oceano 156
168. Montagne 157
169. Fiumi 158
170. Foresta 159
171. Risorse naturali 160

La Terra. Parte 2 161

172. Tempo 161
173. Rigide condizioni metereologiche. Disastri naturali 162

Fauna 163

174. Mammiferi. Predatori 163
175. Animali selvatici 163
176. Animali domestici 164
177. Cani. Razze canine 165
178. Versi emessi dagli animali 166
179. Uccelli 166
180. Uccelli. Cinguettio e versi 168
181. Pesci. Animali marini 168
182. Anfibi. Rettili 169
183. Insetti 169
184. Animali. Parti del corpo 170
185. Animali. Ambiente naturale 170

Flora 172

186. Alberi 172
187. Arbusti 172
188. Funghi 173
189. Frutti. Bacche 173
190. Fiori. Piante 174
191. Cereali, granaglie 175

GEOGRAFIA REGIONALE 176
Paesi. Nazionalità 176

192. Politica. Governo. Parte 1 176
193. Politica. Governo. Parte 2 177
194. Paesi. Varie 178
195. Principali gruppi religiosi. Credi religiosi 179
196. Religioni. Sacerdoti 180
197. Fede. Cristianesimo. Islam 180

VARIE 183

198. Varie parole utili 183

GUIDA ALLA PRONUNCIA

Alfabeto fonetico T&P	Esempio persiano	Esempio italiano
[ʻ] (ayn)	[daʻvā] دعوا	fricativa faringale sonora
[ʼ] (hamza)	[taʼid] تایید	occlusiva glottidale sorda
[a]	[ravad] رود	macchia
[ā]	[ātaš] آتش	scusare
[b]	[bānk] بانک	bianco
[č]	[čand] چند	cinque
[d]	[haštād] هشتاد	doccia
[e]	[ešq] عشق	meno, leggere
[f]	[fandak] فندک	ferrovia
[g]	[logo] لوگو	guerriero
[h]	[giyāh] گیاه	[h] aspirate
[i]	[jazire] جزیره	vittoria
[j]	[jašn] جشن	piangere
[k]	[kāj] کاج	cometa
[l]	[limu] لیمو	saluto
[m]	[mājarā] ماجرا	mostra
[n]	[norvež] نروژ	novanta
[o]	[golf] گلف	notte
[p]	[operā] اپرا	pieno
[q]	[lāqar] لاغر	simile gufo, gatto
[r]	[raqam] رقم	ritmo, raro
[s]	[sup] سوپ	sapere
[š]	[duš] دوش	ruscello
[t]	[tarjome] ترجمه	tattica
[u]	[niru] نیرو	prugno
[v]	[varšow] ورشو	volare
[w]	[rowšan] روشن	week-end
[x]	[kāx] کاخ	[h] dolce
[y]	[biyābān] بیابان	New York
[z]	[zanjir] زنجیر	rosa
[ž]	[žuan] ژوئن	beige

ABBREVIAZIONI
usate nel vocabolario

Italiano. Abbreviazioni

agg	-	aggettivo
anim.	-	animato
avv	-	avverbio
cong	-	congiunzione
ecc.	-	eccetera
f	-	sostantivo femminile
f pl	-	femminile plurale
fem.	-	femminile
form.	-	formale
inanim.	-	inanimato
inform.	-	familiare
m	-	sostantivo maschile
m pl	-	maschile plurale
m, f	-	maschile, femminile
masc.	-	maschile
mil.	-	militare
pl	-	plurale
pron	-	pronome
qc	-	qualcosa
qn	-	qualcuno
sing.	-	singolare
v aus	-	verbo ausiliare
vi	-	verbo intransitivo
vi, vt	-	verbo intransitivo, transitivo
vr	-	verbo riflessivo
vt	-	verbo transitivo

CONCETTI DI BASE

Concetti di base. Parte 1

1. Pronomi

io	man	من
tu	to	تو
egli, ella, esso, essa	u	او
noi	mā	ما
voi	šomā	شما
loro	ān-hā	آنها

2. Saluti. Convenevoli. Saluti di congedo

Buongiorno!	salām	سلام
Buongiorno! (la mattina)	sobh bexeyr	صبح بخیر
Buon pomeriggio!	ruz bexeyr!	روز بخیر!
Buonasera!	asr bexeyr	عصربخیر
salutare (vt)	salām kardan	سلام کردن
Ciao! Salve!	salām	سلام
saluto (m)	salām	سلام
salutare (vt)	salām kardan	سلام کردن
Come sta?	haletān četowr ast?	حالتان چطور است؟
Come stai?	četorid?	چطورید؟
Che c'è di nuovo?	če xabar?	چه خبر؟
Arrivederci!	xodāhāfez	خداحافظ
Ciao!	bāy bāy	بای بای
A presto!	be omid-e didār!	به امید دیدار!
Addio!	xodāhāfez!	خداحافظ!
congedarsi (vr)	xodāhāfezi kardan	خداحافظی کردن
Ciao! (A presto!)	tā bezudi!	تا بزودی!
Grazie!	motešakker-am!	متشکرم!
Grazie mille!	besyār motešakker-am!	بسیار متشکرم!
Prego	xāheš mikonam	خواهش می کنم
Non c'è di che!	tašakkor lāzem nist	تشکر لازم نیست
Di niente	qābel-i nadārad	قابلی ندارد
Scusa!	bebaxšid!	ببخشید!
scusare (vt)	baxšidan	بخشیدن
scusarsi (vr)	ozr xāstan	عذر خواستن
Chiedo scusa	ozr mixāham	عذرمی خواهم

Mi perdoni!	bebaxšid!	ببخشید!
perdonare (vt)	baxšidan	بخشیدن
Non fa niente	mohem nist	مهم نیست
per favore	lotfan	لطفاً
Non dimentichi!	farāmuš nakonid!	فراموش نکنید!
Certamente!	albate!	البته!
Certamente no!	albate ke neh!	البته که نه!
D'accordo!	besyār xob!	بسیارخوب!
Basta!	bas ast!	بس است!

3. Numeri cardinali. Parte 1

zero (m)	sefr	صفر
uno	yek	یک
due	do	دو
tre	se	سه
quattro	čāhār	چهار
cinque	panj	پنج
sei	šeš	شش
sette	haft	هفت
otto	hašt	هشت
nove	neh	نه
dieci	dah	ده
undici	yāzdah	یازده
dodici	davāzdah	دوازده
tredici	sizdah	سیزده
quattordici	čāhārdah	چهارده
quindici	pānzdah	پانزده
sedici	šānzdah	شانزده
diciassette	hefdah	هفده
diciotto	hijdah	هیجده
diciannove	nuzdah	نوزده
venti	bist	بیست
ventuno	bist-o yek	بیست ویک
ventidue	bist-o do	بیست ودو
ventitre	bist-o se	بیست وسه
trenta	si	سی
trentuno	si-yo yek	سی ویک
trentadue	si-yo do	سی ودو
trentatre	si-yo se	سی وسه
quaranta	čehel	چهل
quarantuno	čehel-o yek	چهل ویک
quarantadue	čehel-o do	چهل ودو
quarantatre	čehel-o se	چهل وسه
cinquanta	panjāh	پنجاه
cinquantuno	panjāh-o yek	پنجاه ویک

cinquantadue	panjāh-o do	پنجاه ودو
cinquantatre	panjāh-o se	پنجاه وسه
sessanta	šast	شصت
sessantuno	šast-o yek	شصت ویک
sessantadue	šast-o do	شصت ودو
sessantatre	šast-o se	شصت وسه
settanta	haftād	هفتاد
settantuno	haftād-o yek	هفتاد ویک
settantadue	haftād-o do	هفتاد ودو
settantatre	haftād-o se	هفتاد وسه
ottanta	haštād	هشتاد
ottantuno	haštād-o yek	هشتاد ویک
ottantadue	haštād-o do	هشتاد ودو
ottantatre	haštād-o se	هشتاد وسه
novanta	navad	نود
novantuno	navad-o yek	نود ویک
novantadue	navad-o do	نود ودو
novantatre	navad-o se	نود وسه

4. Numeri cardinali. Parte 2

cento	sad	صد
duecento	devist	دویست
trecento	sisad	سیصد
quattrocento	čāhārsad	چهارصد
cinquecento	pānsad	پانصد
seicento	šešsad	ششصد
settecento	haftsad	هفتصد
ottocento	haštsad	هشتصد
novecento	nohsad	نهصد
mille	hezār	هزار
duemila	dohezār	دوهزار
tremila	se hezār	سه هزار
diecimila	dah hezār	ده هزار
centomila	sad hezār	صد هزار
milione (m)	milyun	میلیون
miliardo (m)	milyārd	میلیارد

5. Numeri. Frazioni

frazione (f)	kasr	کسر
un mezzo	yek dovvom	یک دوم
un terzo	yek sevvom	یک سوم
un quarto	yek čāhārom	یک چهارم
un ottavo	yek panjom	یک هشتم
un decimo	yek dahom	یک دهم

due terzi	do sevvom	دو سوم
tre quarti	se čāhārrom	سه چهارم

6. Numeri. Operazioni aritmetiche di base

sottrazione (f)	tafriq	تفریق
sottrarre (vt)	tafriq kardan	تفریق کردن
divisione (f)	taqsim	تقسیم
dividere (vt)	taqsim kardan	تقسیم کردن
addizione (f)	jam'	جمع
addizionare (vt)	jam' kardan	جمع کردن
aggiungere (vt)	ezāfe kardan	اضافه کردن
moltiplicazione (f)	zarb	ضرب
moltiplicare (vt)	zarb kardan	ضرب کردن

7. Numeri. Varie

cifra (f)	raqam	رقم
numero (m)	adad	عدد
numerale (m)	adadi	عددی
meno (m)	manfi	منفی
più (m)	mosbat	مثبت
formula (f)	formul	فرمول
calcolo (m)	mohāsebe	محاسبه
contare (vt)	šemordan	شمردن
calcolare (vt)	mohāsebe kardan	محاسبه کردن
comparare (vt)	moqāyse kardan	مقایسه کردن
Quanto? Quanti?	čeqadr?	چقدر؟
somma (f)	jam'-e kol	جمع کل
risultato (m)	natije	نتیجه
resto (m)	bāqimānde	باقیمانده
qualche ...	čand	چند
un po' di ...	kami	کمی
resto (m)	baqiye	بقیه
uno e mezzo	yek-o nim	یک و نیم
dozzina (f)	dojin	دوجین
in due	be do qesmat	به دو قسمت
in parti uguali	be tāsavi	به تساوی
metà (f), mezzo (m)	nim	نیم
volta (f)	daf'e	دفعه

8. I verbi più importanti. Parte 1

accorgersi (vr)	motevajjeh šodan	متوجه شدن
afferrare (vt)	gereftan	گرفتن

affittare (dare in affitto)	ejāre kardan	اجاره کردن
aiutare (vt)	komak kardan	کمک کردن
amare (qn)	dust dāštan	دوست داشتن
andare (camminare)	raftan	رفتن
annotare (vt)	neveštan	نوشتن
appartenere (vi)	ta'alloq dāštan	تعلق داشتن
aprire (vt)	bāz kardan	باز کردن
arrivare (vi)	residan	رسیدن
aspettare (vt)	montazer budan	منتظر بودن
avere (vt)	dāštan	داشتن
avere fame	gorosne budan	گرسنه بودن
avere fretta	ajale kardan	عجله کردن
avere paura	tarsidan	ترسیدن
avere sete	tešne budan	تشنه بودن
avvertire (vt)	hošdār dādan	هشدار دادن
cacciare (vt)	šekār kardan	شکار کردن
cadere (vi)	oftādan	افتادن
cambiare (vt)	avaz kardan	عوض کردن
capire (vt)	fahmidan	فهمیدن
cenare (vi)	šām xordan	شام خوردن
cercare (vt)	jostoju kardan	جستجو کردن
cessare (vt)	bas kardan	بس کردن
chiedere (~ aiuto)	komak xāstan	کمک خواستن
chiedere (domandare)	porsidan	پرسیدن
cominciare (vt)	šoru' kardan	شروع کردن
comparare (vt)	moqāyse kardan	مقایسه کردن
confondere (vt)	qāti kardan	قاطی کردن
conoscere (qn)	šenāxtan	شناختن
conservare (vt)	hefz kardan	حفظ کردن
consigliare (vt)	nasihat kardan	نصیحت کردن
contare (calcolare)	šemordan	شمردن
contare su …	hesāb kardan	حساب کردن
continuare (vt)	edāme dādan	ادامه دادن
controllare (vt)	kontorol kardan	کنترل کردن
correre (vi)	davidan	دویدن
costare (vt)	qeymat dāštan	قیمت داشتن
creare (vt)	ijād kardan	ایجاد کردن
cucinare (vi)	poxtan	پختن

9. I verbi più importanti. Parte 2

dare (vt)	dādan	دادن
dare un suggerimento	sarnax dādan	سرنخ دادن
decorare (adornare)	tazyin kardan	تزیین کردن
difendere (~ un paese)	defā' kardan	دفاع کردن
dimenticare (vt)	farāmuš kardan	فراموش کردن
dire (~ la verità)	goftan	گفتن

dirigere (compagnia, ecc.)	edāre kardan	اداره کردن
discutere (vt)	bahs kardan	بحث کردن
domandare (vt)	xāstan	خواستن
dubitare (vi)	šok dāštan	شک داشتن
entrare (vi)	vāred šodan	وارد شدن
esigere (vt)	darxāst kardan	درخواست کردن
esistere (vi)	vojud dāštan	وجود داشتن
essere (vi)	budan	بودن
essere d'accordo	movāfeqat kardan	موافقت کردن
fare (vt)	anjām dādan	انجام دادن
fare colazione	sobhāne xordan	صبحانه خوردن
fare il bagno	ābtani kardan	آبتنی کردن
fermarsi (vr)	motevaghef šhodan	متوقف شدن
fidarsi (vr)	etminān kardan	اطمینان کردن
finire (vt)	be pāyān resāndan	به پایان رساندن
firmare (~ un documento)	emzā kardan	امضا کردن
giocare (vi)	bāzi kardan	بازی کردن
girare (~ a destra)	pičidan	پیچیدن
gridare (vi)	faryād zadan	فریاد زدن
indovinare (vt)	hads zadan	حدس زدن
informare (vt)	āgah kardan	آگاه کردن
ingannare (vt)	farib dādan	فریب دادن
insistere (vi)	esrār kardan	اصرار کردن
insultare (vt)	towhin kardan	توهین کردن
interessarsi di ...	alāqe dāštan	علاقه داشتن
invitare (vt)	da'vat kardan	دعوت کردن
lamentarsi (vr)	šekāyat kardan	شکایت کردن
lasciar cadere	andāxtan	انداختن
lavorare (vi)	kār kardan	کار کردن
leggere (vi, vt)	xāndan	خواندن
liberare (vt)	āzād kardan	آزاد کردن

10. I verbi più importanti. Parte 3

mancare le lezioni	qāyeb budan	غایب بودن
mandare (vt)	ferestādan	فرستادن
menzionare (vt)	zokr kardan	ذکر کردن
minacciare (vt)	tahdid kardan	تهدید کردن
mostrare (vt)	nešān dādan	نشان دادن
nascondere (vt)	penhān kardan	پنهان کردن
nuotare (vi)	šenā kardan	شنا کردن
obiettare (vt)	moxalefat kardan	مخالفت کردن
occorrere (vimp)	hāmi budan	حامی بودن
ordinare (~ il pranzo)	sefāreš dādan	سفارش دادن
ordinare (mil.)	farmān dādan	فرمان دادن
osservare (vt)	mošāhede kardan	مشاهده کردن

pagare (vi, vt)	pardāxtan	پرداختن
parlare (vi, vt)	harf zadan	حرف زدن
partecipare (vi)	šerekat kardan	شرکت کردن
pensare (vi, vt)	fekr kardan	فکر کردن
perdonare (vt)	baxšidan	بخشیدن
permettere (vt)	ejāze dādan	اجازه دادن
piacere (vi)	dust dāštan	دوست داشتن
piangere (vi)	gerye kardan	گریه کردن
pianificare (vt)	barnāmerizi kardan	برنامه ریزی کردن
possedere (vt)	sāheb budan	صاحب بودن
potere (v aus)	tavānestan	توانستن
pranzare (vi)	nāhār xordan	ناهار خوردن
preferire (vt)	tarjih dādan	ترجیح دادن
pregare (vi, vt)	do'ā kardan	دعا کردن
prendere (vt)	bardāštan	برداشتن
prevedere (vt)	pišbini kardan	پیش بینی کردن
promettere (vt)	qowl dādan	قول دادن
pronunciare (vt)	talaffoz kardan	تلفظ کردن
proporre (vt)	pišnahād dādan	پیشنهاد دادن
punire (vt)	tanbih kardan	تنبیه کردن
raccomandare (vt)	towsie kardan	توصیه کردن
ridere (vi)	xandidan	خندیدن
rifiutarsi (vr)	rad kardan	رد کردن
rincrescere (vi)	afsus xordan	افسوس خوردن
ripetere (ridire)	tekrār kardan	تکرار کردن
riservare (vt)	rezerv kardan	رزرو کردن
rispondere (vi, vt)	javāb dādan	جواب دادن
rompere (spaccare)	šekastan	شکستن
rubare (~ i soldi)	dozdidan	دزدیدن

11. I verbi più importanti. Parte 4

salvare (~ la vita a qn)	najāt dādan	نجات دادن
sapere (vt)	dānestan	دانستن
sbagliare (vi)	eštebāh kardan	اشتباه کردن
scavare (vt)	kandan	کندن
scegliere (vt)	entexāb kardan	انتخاب کردن
scendere (vi)	pāyin āmadan	پایین آمدن
scherzare (vi)	šuxi kardan	شوخی کردن
scrivere (vt)	neveštan	نوشتن
scusare (vt)	baxšidan	بخشیدن
scusarsi (vr)	ozr xāstan	عذر خواستن
sedersi (vr)	nešastan	نشستن
seguire (vt)	donbāl kardan	دنبال کردن
sgridare (vt)	da'vā kardan	دعوا کردن
significare (vt)	ma'ni dāštan	معنی داشتن
sorridere (vi)	labxand zadan	لبخند زدن

sottovalutare (vt)	dast-e kam gereftan	دست کم گرفتن
sparare (vi)	tirandāzi kardan	تیراندازی کردن
sperare (vi, vt)	omid dāštan	امید داشتن
spiegare (vt)	touzih dādan	توضیح دادن
studiare (vt)	dars xāndan	درس خواندن
stupirsi (vr)	mote'ajjeb šodan	متعجب شدن
tacere (vi)	sāket māndan	ساکت ماندن
tentare (vt)	talāš kardan	تلاش کردن
toccare (~ con le mani)	lams kardan	لمس کردن
tradurre (vt)	tarjome kardan	ترجمه کردن
trovare (vt)	peydā kardan	پیدا کردن
uccidere (vt)	koštan	کشتن
udire (percepire suoni)	šenidan	شنیدن
unire (vt)	mottahed kardan	متحد کردن
uscire (vi)	birun raftan	بیرون رفتن
vantarsi (vr)	be rox kešidan	به رخ کشیدن
vedere (vt)	didan	دیدن
vendere (vt)	foruxtan	فروختن
volare (vi)	parvāz kardan	پرواز کردن
volere (desiderare)	xāstan	خواستن

12. Colori

colore (m)	rang	رنگ
sfumatura (f)	teyf-e rang	طیف رنگ
tono (m)	rangmaye	رنگمایه
arcobaleno (m)	rangin kamān	رنگین کمان
bianco (agg)	sefid	سفید
nero (agg)	siyāh	سیاه
grigio (agg)	xākestari	خاکستری
verde (agg)	sabz	سبز
giallo (agg)	zard	زرد
rosso (agg)	sorx	سرخ
blu (agg)	abi	آبی
azzurro (agg)	ābi rowšan	آبی روشن
rosa (agg)	surati	صورتی
arancione (agg)	nārenji	نارنجی
violetto (agg)	banafš	بنفش
marrone (agg)	qahve i	قهوه ای
d'oro (agg)	talāyi	طلایی
argenteo (agg)	noqre i	نقره ای
beige (agg)	bež	بژ
color crema (agg)	kerem	کرم
turchese (agg)	firuze i	فیروزه ای
rosso ciliegia (agg)	ālbāluyi	آلبالویی
lilla (agg)	banafš yasi	بنفش یاسی

rosso lampone (agg)	zereški	زرشکی
chiaro (agg)	rowšan	روشن
scuro (agg)	tire	تیره
vivo, vivido (agg)	rowšan	روشن
colorato (agg)	rangi	رنگی
a colori	rangi	رنگی
bianco e nero (agg)	siyāh-o sefid	سیاه و سفید
in tinta unita	yek rang	یک رنگ
multicolore (agg)	rangārang	رنگارنگ

13. Domande

Chi?	če kas-i?	چه کسی؟
Che cosa?	če čiz-i?	چه چیزی؟
Dove? (in che luogo?)	kojā?	کجا؟
Dove? (~ vai?)	kojā?	کجا؟
Di dove?, Da dove?	az kojā?	از کجا؟
Quando?	če vaqt?	چه وقت؟
Perché? (per quale scopo?)	čerā?	چرا؟
Perché? (per quale ragione?)	čerā?	چرا؟
Per che cosa?	barā-ye če?	برای چه؟
Come?	četor?	چطور؟
Che? (~ colore è?)	kodām?	کدام؟
Quale?	kodām?	کدام؟
A chi?	barā-ye ki?	برای کی؟
Di chi?	dar bāre-ye ki?	درباره کی؟
Di che cosa?	darbāre-ye či?	درباره چی؟
Con chi?	bā ki?	با کی؟
Quanti?, Quanto?	čeqadr?	چقدر؟
Di chi?	māl-e ki?	مال کی؟

14. Parole grammaticali. Avverbi. Parte 1

Dove?	kojā?	کجا؟
qui (in questo luogo)	in jā	این جا
lì (in quel luogo)	ānjā	آنجا
da qualche parte (essere ~)	jā-yi	جایی
da nessuna parte	hič kojā	هیچ کجا
vicino a ...	nazdik	نزدیک
vicino alla finestra	nazdik panjere	نزدیک پنجره
Dove?	kojā?	کجا؟
qui (vieni ~)	in jā	این جا
ci (~ vado stasera)	ānjā	آنجا
da qui	az injā	از اینجا
da lì	az ānjā	از آنجا

vicino, accanto (avv)	nazdik	نزدیک
lontano (avv)	dur	دور
vicino (~ a Parigi)	nazdik	نزدیک
vicino (qui ~)	nazdik	نزدیک
non lontano	nazdik	نزدیک
sinistro (agg)	čap	چپ
a sinistra (rimanere ~)	dast-e čap	دست چپ
a sinistra (girare ~)	be čap	به چپ
destro (agg)	rāst	راست
a destra (rimanere ~)	dast-e rāst	دست راست
a destra (girare ~)	be rāst	به راست
davanti	jelo	جلو
anteriore (agg)	jelo	جلو
avanti	jelo	جلو
dietro (avv)	aqab	عقب
da dietro	az aqab	از عقب
indietro	aqab	عقب
mezzo (m), centro (m)	vasat	وسط
in mezzo, al centro	dar vasat	در وسط
di fianco	pahlu	پهلو
dappertutto	hame jā	همه جا
attorno	atrāf	اطراف
da dentro	az daxel	از داخل
da qualche parte (andare ~)	jā-yi	جایی
dritto (direttamente)	mostaqim	مستقیم
indietro	aqab	عقب
da qualsiasi parte	az har jā	از هر جا
da qualche posto (veniamo ~)	az yek jā-yi	از یک جایی
in primo luogo	avvalan	اولاً
in secondo luogo	dumā	دوما
in terzo luogo	sālesan	ثالثاً
all'improvviso	nāgahān	ناگهان
all'inizio	dar avval	در اول
per la prima volta	barā-ye avvalin bār	برای اولین بار
molto tempo prima di...	xeyli vaqt piš	خیلی وقت پیش
di nuovo	az now	از نو
per sempre	barā-ye hamiše	برای همیشه
mai	hič vaqt	هیچ وقت
ancora	dobāre	دوباره
adesso	alān	الان
spesso (avv)	aqlab	اغلب
allora	ān vaqt	آن وقت
urgentemente	foran	فوراً

di solito	ma'mulan	معمولاً
a proposito, ...	rāst-i	راستی
è possibile	momken ast	ممکن است
probabilmente	ehtemālan	احتمالاً
forse	šāyad	شاید
inoltre ...	bealāve	بعلاوه
ecco perché ...	be hamin xāter	به همین خاطر
nonostante (~ tutto)	alāraqm	علیرغم
grazie a ...	be lotf	به لطف
che cosa (pron)	če?	چه؟
che (cong)	ke	که
qualcosa (qualsiasi cosa)	yek čiz-i	یک چیزی
qualcosa (le serve ~?)	yek kāri	یک کاری
niente	hič čiz	هیچ چیز
chi (pron)	ki	کی
qualcuno (annuire a ~)	yek kas-i	یک کسی
qualcuno (dipendere da ~)	yek kas-i	یک کسی
nessuno	hič kas	هیچ کس
da nessuna parte	hič kojā	هیچ کجا
di nessuno	māl-e hičkas	مال هیچ کس
di qualcuno	har kas-i	هر کسی
così (era ~ arrabbiato)	xeyli	خیلی
anche (penso ~ a ...)	ham	هم
anche, pure	ham	هم

15. Parole grammaticali. Avverbi. Parte 2

Perché?	čerā?	چرا؟
per qualche ragione	be dalil-i	به دلیلی
perché ...	čon	چون
per qualche motivo	barā-ye maqsudi	برای مقصودی
e (cong)	va	و
o (sì ~ no?)	yā	یا
ma (però)	ammā	اما
per (~ me)	barā-ye	برای
troppo	besyār	بسیار
solo (avv)	faqat	فقط
esattamente	daqiqan	دقیقا
circa (~ 10 dollari)	taqriban	تقریباً
approssimativamente	taqriban	تقریباً
approssimativo (agg)	taqribi	تقریبی
quasi	taqriban	تقریباً
resto	baqiye	بقیه
l'altro (~ libro)	digar	دیگر
altro (differente)	digar	دیگر
ogni (agg)	har	هر

qualsiasi (agg)	har	هر
molti, molto	ziyād	زیاد
molta gente	besyāri	بسیاری
tutto, tutti	hame	همه
in cambio di ...	dar avaz	در عوض
in cambio	dar barābar	در برابر
a mano (fatto ~)	dasti	دستی
poco probabile	baid ast	بعید است
probabilmente	ehtemālan	احتمالاً
apposta	amdan	عمداً
per caso	tasādofi	تصادفی
molto (avv)	besyār	بسیار
per esempio	masalan	مثلاً
fra (~ due)	beyn	بین
fra (~ più di due)	miyān	میان
tanto (quantità)	in qadr	این قدر
soprattutto	maxsusan	مخصوصاً

Concetti di base. Parte 2

16. Giorni della settimana

lunedì (m)	došanbe	دوشنبه
martedì (m)	se šanbe	سه شنبه
mercoledì (m)	čāhāršanbe	چهارشنبه
giovedì (m)	panj šanbe	پنج شنبه
venerdì (m)	jom'e	جمعه
sabato (m)	šanbe	شنبه
domenica (f)	yek šanbe	یک شنبه
oggi (avv)	emruz	امروز
domani	fardā	فردا
dopodomani	pas fardā	پس فردا
ieri (avv)	diruz	دیروز
l'altro ieri	pariruz	پریروز
giorno (m)	ruz	روز
giorno (m) lavorativo	ruz-e kāri	روز کاری
giorno (m) festivo	ruz-e jašn	روز جشن
giorno (m) di riposo	ruz-e ta'til	روز تعطیل
fine (m) settimana	āxar-e hafte	آخر هفته
tutto il giorno	tamām-e ruz	تمام روز
l'indomani	ruz-e ba'd	روز بعد
due giorni fa	do ruz-e piš	دو روز پیش
il giorno prima	ruz-e qabl	روز قبل
quotidiano (agg)	ruzāne	روزانه
ogni giorno	har ruz	هر روز
settimana (f)	hafte	هفته
la settimana scorsa	hafte-ye gozašte	هفته گذشته
la settimana prossima	hafte-ye āyande	هفته آینده
settimanale (agg)	haftegi	هفتگی
ogni settimana	har hafte	هر هفته
due volte alla settimana	do bār dar hafte	دو بار درهفته
ogni martedì	har sešanbe	هر سه شنبه

17. Ore. Giorno e notte

mattina (f)	sobh	صبح
di mattina	sobh	صبح
mezzogiorno (m)	zohr	ظهر
nel pomeriggio	ba'd az zohr	بعد ازظهر
sera (f)	asr	عصر
di sera	asr	عصر

notte (f)	šab	شب
di notte	šab	شب
mezzanotte (f)	nesfe šab	نصفه شب
secondo (m)	sānie	ثانیه
minuto (m)	daqiqe	دقیقه
ora (f)	sā'at	ساعت
mezzora (f)	nim sā'at	نیم ساعت
un quarto d'ora	yek rob'	یک ربع
quindici minuti	pānzdah daqiqe	پانزده دقیقه
ventiquattro ore	šabāne ruz	شبانه روز
levata (f) del sole	tolu-'e āftāb	طلوع آفتاب
alba (f)	sahar	سحر
mattutino (m)	sobh-e zud	صبح زود
tramonto (m)	qorub	غروب
di buon mattino	sobh-e zud	صبح زود
stamattina	emruz sobh	امروز صبح
domattina	fardā sobh	فردا صبح
oggi pomeriggio	emruz zohr	امروز ظهر
nel pomeriggio	ba'd az zohr	بعد ازظهر
domani pomeriggio	fardā ba'd az zohr	فردا بعد ازظهر
stasera	emšab	امشب
domani sera	fardā šab	فردا شب
alle tre precise	sar-e sā'at-e se	سر ساعت ۳
verso le quattro	nazdik-e sā'at-e čāhār	نزدیک ساعت ۴
per le dodici	nazdik zohr	نزدیک ظهر
fra venti minuti	bist daqiqe-ye digar	۲۰ دقیقه دیگر
fra un'ora	yek sā'at-e digar	یک ساعت دیگر
puntualmente	be moqe'	به موقع
un quarto di ...	yek rob' be	یک ربع به
entro un'ora	yek sā'at-e digar	یک ساعت دیگر
ogni quindici minuti	har pānzdah daqiqe	هر ۱۵ دقیقه
giorno e notte	šabāne ruz	شبانه روز

18. Mesi. Stagioni

gennaio (m)	žānvie	ژانویه
febbraio (m)	fevriye	فوریه
marzo (m)	mārs	مارس
aprile (m)	āvril	آوریل
maggio (m)	meh	مه
giugno (m)	žuan	ژوئن
luglio (m)	žuiye	ژوئیه
agosto (m)	owt	اوت
settembre (m)	septāmbr	سپتامبر
ottobre (m)	oktobr	اکتبر
novembre (m)	novāmbr	نوامبر
dicembre (m)	desāmr	دسامبر

primavera (f)	bahār	بهار
in primavera	dar bahār	در بهار
primaverile (agg)	bahāri	بهاری
estate (f)	tābestān	تابستان
in estate	dar tābestān	در تابستان
estivo (agg)	tābestāni	تابستانی
autunno (m)	pāyiz	پاییز
in autunno	dar pāyiz	در پاییز
autunnale (agg)	pāyizi	پاییزی
inverno (m)	zemestān	زمستان
in inverno	dar zemestān	در زمستان
invernale (agg)	zemestāni	زمستانی
mese (m)	māh	ماه
questo mese	in māh	این ماه
il mese prossimo	māh-e āyande	ماه آینده
il mese scorso	māh-e gozašte	ماه گذشته
un mese fa	yek māh qabl	یک ماه قبل
fra un mese	yek māh digar	یک ماه دیگر
fra due mesi	do māh-e digar	۲ماه دیگر
un mese intero	tamām-e māh	تمام ماه
per tutto il mese	tamām-e māh	تمام ماه
mensile (rivista ~)	māhāne	ماهانه
mensilmente	māhāne	ماهانه
ogni mese	har māh	هر ماه
due volte al mese	do bār dar māh	دو بار درماه
anno (m)	sāl	سال
quest'anno	emsāl	امسال
l'anno prossimo	sāl-e āyande	سال آینده
l'anno scorso	sāl-e gozašte	سال گذشته
un anno fa	yek sāl qabl	یک سال قبل
fra un anno	yek sāl-e digar	یک سال دیگر
fra due anni	do sāl-e digar	۲سال دیگر
un anno intero	tamām-e sāl	تمام سال
per tutto l'anno	tamām-e sāl	تمام سال
ogni anno	har sāl	هر سال
annuale (agg)	sālāne	سالانه
annualmente	sālāne	سالانه
quattro volte all'anno	čāhār bār dar sāl	چهار بار در سال
data (f) (~ di oggi)	tārix	تاریخ
data (f) (~ di nascita)	tārix	تاریخ
calendario (m)	taqvim	تقویم
mezz'anno (m)	nim sāl	نیم سال
semestre (m)	nim sāl	نیم سال
stagione (f) (estate, ecc.)	fasl	فصل
secolo (m)	qarn	قرن

19. Orario. Varie

tempo (m)	zamān	زمان
istante (m)	lahze	لحظه
momento (m)	lahze	لحظه
istantaneo (agg)	āni	آنی
periodo (m)	baxši az zamān	بخشی از زمان
vita (f)	zendegi	زندگی
eternità (f)	abadiyat	ابدیت
epoca (f)	asr	عصر
era (f)	dowre	دوره
ciclo (m)	čarxe	چرخه
periodo (m)	dowre	دوره
scadenza (f)	mohlat	مهلت
futuro (m)	āyande	آینده
futuro (agg)	āyande	آینده
la prossima volta	daf'e-ye ba'd	دفعه بعد
passato (m)	gozašte	گذشته
scorso (agg)	gozašte	گذشته
la volta scorsa	daf'e-ye gozašte	دفعه گذشته
più tardi	ba'dan	بعداً
dopo	ba'd az	بعد از
oggigiorno	aknun	اکنون
adesso, ora	alān	الان
immediatamente	foran	فوراً
fra poco, presto	be zudi	به زودی
in anticipo	az qabl	از قبل
tanto tempo fa	moddathā piš	مدت ها پیش
di recente	axiran	اخیراً
destino (m)	sarnevešt	سرنوشت
ricordi (m pl)	xāterāt	خاطرات
archivio (m)	āršiv	آرشیو
durante ...	dar zamān	در زمان
a lungo	tulāni	طولانی
per poco tempo	kutāh	کوتاه
presto (al mattino ~)	zud	زود
tardi (non presto)	dir	دیر
per sempre	barā-ye hamiše	برای همیشه
cominciare (vt)	šoru' kardan	شروع کردن
posticipare (vt)	mowkul kardan	موکول کردن
simultaneamente	ham zamān	هم زمان
tutto il tempo	dāemi	دائمی
costante (agg)	dāemi	دائمی
temporaneo (agg)	movaqqati	موقتی
a volte	gāh-i	گاهی
raramente	be nodrat	به ندرت
spesso (avv)	aqlab	اغلب

20. Contrari

ricco (agg)	servatmand	ثروتمند
povero (agg)	faqir	فقیر
malato (agg)	bimār	بیمار
sano (agg)	sālem	سالم
grande (agg)	bozorg	بزرگ
piccolo (agg)	kučak	کوچک
rapidamente	sari'	سریع
lentamente	āheste	آهسته
veloce (agg)	sari'	سریع
lento (agg)	āheste	آهسته
allegro (agg)	xošhāl	خوشحال
triste (agg)	qamgin	غمگین
insieme	bāham	باهم
separatamente	jodāgāne	جداگانه
ad alta voce (leggere ~)	boland	بلند
in silenzio	be ārāmi	به آرامی
alto (agg)	boland	بلند
basso (agg)	kutāh	کوتاه
profondo (agg)	amiq	عمیق
basso (agg)	sathi	سطحی
sì	bale	بله
no	neh	نه
lontano (agg)	dur	دور
vicino (agg)	nazdik	نزدیک
lontano (avv)	dur	دور
vicino (avv)	nazdik	نزدیک
lungo (agg)	derāz	دراز
corto (agg)	kutāh	کوتاه
buono (agg)	mehrbān	مهربان
cattivo (agg)	badjens	بدجنس
sposato (agg)	mote'ahhel	متاهل
celibe (agg)	mojarrad	مجرد
vietare (vt)	mamnu' kardan	ممنوع کردن
permettere (vt)	ejāze dādan	اجازه دادن
fine (f)	pāyān	پایان
inizio (m)	šoru'	شروع

sinistro (agg)	čap	چپ
destro (agg)	rāst	راست
primo (agg)	avvalin	اولین
ultimo (agg)	āxarin	آخرین
delitto (m)	jenāyat	جنایت
punizione (f)	mojāzāt	مجازات
ordinare (vt)	farmān dādan	فرمان دادن
obbedire (vi)	etā'at kardan	اطاعت کردن
dritto (agg)	mostaqim	مستقیم
curvo (agg)	monhani	منحنی
paradiso (m)	behešt	بهشت
inferno (m)	jahannam	جهنم
nascere (vi)	motevalled šodan	متولد شدن
morire (vi)	mordan	مردن
forte (agg)	nirumand	نیرومند
debole (agg)	za'if	ضعیف
vecchio (agg)	kohne	کهنه
giovane (agg)	javān	جوان
vecchio (agg)	qadimi	قدیمی
nuovo (agg)	jadid	جدید
duro (agg)	soft	سفت
morbido (agg)	narm	نرم
caldo (agg)	garm	گرم
freddo (agg)	sard	سرد
grasso (agg)	čāq	چاق
magro (agg)	lāqar	لاغر
stretto (agg)	bārik	باریک
largo (agg)	vasi'	وسیع
buono (agg)	xub	خوب
cattivo (agg)	bad	بد
valoroso (agg)	šojā'	شجاع
codardo (agg)	tarsu	ترسو

21. Linee e forme

quadrato (m)	morabba'	مربع
quadrato (agg)	morabba'	مربع
cerchio (m)	dāyere	دایره
rotondo (agg)	gard	گرد

triangolo (m)	mosallas	مثلث
triangolare (agg)	mosallasi	مثلثی
ovale (m)	beyzi	بیضی
ovale (agg)	beyzi	بیضی
rettangolo (m)	mostatil	مستطیل
rettangolare (agg)	mostatil	مستطیل
piramide (f)	heram	هرم
rombo (m)	lowz-i	لوزی
trapezio (m)	zuzanaqe	ذوزنقه
cubo (m)	moka'ab	مکعب
prisma (m)	manšur	منشور
circonferenza (f)	mohit-e monhani	محیط منحنی
sfera (f)	kare	کره
palla (f)	kare	کره
diametro (m)	qotr	قطر
raggio (m)	šo'ā'	شعاع
perimetro (m)	mohit	محیط
centro (m)	markaz	مرکز
orizzontale (agg)	ofoqi	افقی
verticale (agg)	amudi	عمودی
parallela (f)	movāzi	موازی
parallelo (agg)	movāzi	موازی
linea (f)	xat	خط
tratto (m)	xat	خط
linea (f) retta	xatt-e mostaqim	خط مستقیم
linea (f) curva	monhani	منحنی
sottile (uno strato ~)	nāzok	نازک
contorno (m)	borun namā	برون نما
intersezione (f)	taqāto'	تقاطع
angolo (m) retto	zāvie-ye qāem	زاویه قائم
segmento	qet'e	قطعه
settore (m)	baxš	بخش
lato (m)	taraf	طرف
angolo (m)	zāvie	زاویه

22. Unità di misura

peso (m)	vazn	وزن
lunghezza (f)	tul	طول
larghezza (f)	arz	عرض
altezza (f)	ertefā'	ارتفاع
profondità (f)	omq	عمق
volume (m)	hajm	حجم
area (f)	masāhat	مساحت
grammo (m)	garm	گرم
milligrammo (m)	mili geram	میلی گرم

chilogrammo (m)	kilugeram	کیلوگرم
tonnellata (f)	ton	تن
libbra (f)	pond	پوند
oncia (f)	ons	اونس
metro (m)	metr	متر
millimetro (m)	mili metr	میلی متر
centimetro (m)	sāntimetr	سانتیمتر
chilometro (m)	kilumetr	کیلومتر
miglio (m)	māyel	مایل
pollice (m)	inč	اینچ
piede (f)	fowt	فوت
iarda (f)	yārd	یارد
metro (m) quadro	metr morabba'	متر مربع
ettaro (m)	hektār	هکتار
litro (m)	litr	لیتر
grado (m)	daraje	درجه
volt (m)	volt	ولت
ampere (m)	āmper	آمپر
cavallo vapore (m)	asb-e boxār	اسب بخار
quantità (f)	meqdār	مقدار
un po' di ...	kami	کمی
metà (f)	nim	نیم
dozzina (f)	dojin	دوجین
pezzo (m)	tā	تا
dimensione (f)	andāze	اندازه
scala (f) (modello in ~)	meqyās	مقیاس
minimo (agg)	haddeaqal	حداقل
minore (agg)	kučaktarin	کوچکترین
medio (agg)	motevasset	متوسط
massimo (agg)	haddeaksar	حداکثر
maggiore (agg)	bištarin	بیشترین

23. Contenitori

barattolo (m) di vetro	šišeh konserv	شیشه کنسرو
latta, lattina (f)	quti	قوطی
secchio (m)	satl	سطل
barile (m), botte (f)	boške	بشکه
catino (m)	tašt	تشت
serbatoio (m) (per liquidi)	maxzan	مخزن
fiaschetta (f)	qomqome	قمقمه
tanica (f)	dabbe	دبه
cisterna (f)	maxzan	مخزن
tazza (f)	livān	لیوان
tazzina (f) (~ di caffé)	fenjān	فنجان

piattino (m)	na'lbeki	نعلبکی
bicchiere (m) (senza stelo)	estekān	استکان
calice (m)	gilās-e šarāb	گیلاس شراب
casseruola (f)	qāblame	قابلمه
bottiglia (f)	botri	بطری
collo (m) (~ della bottiglia)	gardan-e botri	گردن بطری
caraffa (f)	tong	تنگ
brocca (f)	pārč	پارچ
recipiente (m)	zarf	ظرف
vaso (m) di coccio	sofāl	سفال
vaso (m) di fiori	goldān	گلدان
boccetta (f) (~ di profumo)	botri	بطری
fiala (f)	viyāl	ویال
tubetto (m)	tiyub	تیوب
sacco (m) (~ di patate)	kise	کیسه
sacchetto (m) (~ di plastica)	pākat	پاکت
pacchetto (m) (~ di sigarette, ecc.)	baste	بسته
scatola (f) (~ per scarpe)	ja'be	جعبه
cassa (f) (~ di vino, ecc.)	sanduq	صندوق
cesta (f)	sabad	سبد

24. Materiali

materiale (m)	mādde	ماده
legno (m)	deraxt	درخت
di legno	čubi	چوبی
vetro (m)	šiše	شیشه
di vetro	šiše i	شیشه ای
pietra (f)	sang	سنگ
di pietra	sangi	سنگی
plastica (f)	pelāstik	پلاستیک
di plastica	pelāstiki	پلاستیکی
gomma (f)	lāstik	لاستیک
di gomma	lāstiki	لاستیکی
stoffa (f)	pārče	پارچه
di stoffa	pārče-i	پارچه ی
carta (f)	kāqaz	کاغذ
di carta	kāqazi	کاغذی
cartone (m)	kārton	کارتن
di cartone	kārtoni	کارتونی
polietilene (m)	polietilen	پلیاتیلن

cellofan (m)	solofān	سلوفان
linoleum (m)	linoleom	لینولئوم
legno (m) compensato	taxte-ye čand lāyi	تخته چند لایی
porcellana (f)	čini	چینی
di porcellana	čini	چینی
argilla (f)	xāk-e ros	خاک رس
d'argilla	sofāli	سفالی
ceramica (f)	serāmik	سرامیک
ceramico	serāmiki	سرامیکی

25. Metalli

metallo (m)	felez	فلز
metallico	felezi	فلزی
lega (f)	ālyiāž	آلیاژ
oro (m)	talā	طلا
d'oro	talā	طلا
argento (m)	noqre	نقره
d'argento	noqre	نقره
ferro (m)	āhan	آهن
di ferro	āhani	آهنی
acciaio (m)	fulād	فولاد
d'acciaio	fulādi	فولادی
rame (m)	mes	مس
di rame	mesi	مسی
alluminio (m)	ālominiyom	آلومینیوم
di alluminio, alluminico	ālominiyomi	آلومینیومی
bronzo (m)	boronz	برنز
di bronzo	boronzi	برنزی
ottone (m)	berenj	برنج
nichel (m)	nikel	نیکل
platino (m)	pelātin	پلاتین
mercurio (m)	jive	جیوه
stagno (m)	qal'	قلع
piombo (m)	sorb	سرب
zinco (m)	ruy	روی

ESSERE UMANO

Essere umano. Il corpo umano

26. L'uomo. Concetti di base

uomo (m) (essere umano)	ensān	انسان
uomo (m) (adulto maschio)	mard	مرد
donna (f)	zan	زن
bambino (m) (figlio)	kudak	کودک
bambina (f)	doxtar	دختر
bambino (m)	pesar bače	پسر بچه
adolescente (m, f)	nowjavān	نوجوان
vecchio (m)	pirmard	پیرمرد
vecchia (f)	pirzan	پیرزن

27. Anatomia umana

organismo (m)	orgānism	ارگانیسم
cuore (m)	qalb	قلب
sangue (m)	xun	خون
arteria (f)	sorxrag	سرخرگ
vena (f)	siyāhrag	سیاهرگ
cervello (m)	maqz	مغز
nervo (m)	asab	عصب
nervi (m pl)	a'sāb	اعصاب
vertebra (f)	mohre	مهره
colonna (f) vertebrale	sotun-e faqarāt	ستون فقرات
stomaco (m)	me'de	معده
intestini (m pl)	rude	روده
intestino (m)	rude	روده
fegato (m)	kabed	کبد
rene (m)	kolliye	کلیه
osso (m)	ostexān	استخوان
scheletro (m)	eskelet	اسکلت
costola (f)	dande	دنده
cranio (m)	jomjome	جمجمه
muscolo (m)	azole	عضله
bicipite (m)	azole-ye dosar	عضلهٔ دوسر
tricipite (m)	azole-ye se sar	عضلهٔ سه سر
tendine (m)	tāndon	تاندون
articolazione (f)	mofassal	مفصل

polmoni (m pl)	rie	ریه
genitali (m pl)	andām hā-ye tanāsol-i	اندام های تناسلی
pelle (f)	pust	پوست

28. Testa

testa (f)	sar	سر
viso (m)	surat	صورت
naso (m)	bini	بینی
bocca (f)	dahān	دهان
occhio (m)	češm	چشم
occhi (m pl)	češm-hā	چشم ها
pupilla (f)	mardomak	مردمک
sopracciglio (m)	abru	ابرو
ciglio (m)	može	مژه
palpebra (f)	pelek	پلک
lingua (f)	zabān	زبان
dente (m)	dandān	دندان
labbra (f pl)	lab-hā	لب ها
zigomi (m pl)	ostexānhā-ye gune	استخوان های گونه
gengiva (f)	lase	لثه
palato (m)	saqf-e dahān	سقف دهان
narici (f pl)	surāxhā-ye bini	سوراخ های بینی
mento (m)	čāne	چانه
mascella (f)	fak	فک
guancia (f)	gune	گونه
fronte (f)	pišāni	پیشانی
tempia (f)	gijgāh	گیجگاه
orecchio (m)	guš	گوش
nuca (f)	pas gardan	پس گردن
collo (m)	gardan	گردن
gola (f)	galu	گلو
capelli (m pl)	mu-hā	مو ها
pettinatura (f)	model-e mu	مدل مو
taglio (m)	model-e mu	مدل مو
parrucca (f)	kolāh-e gis	کلاه گیس
baffi (m pl)	sebil	سبیل
barba (f)	riš	ریش
portare (~ la barba, ecc.)	gozāštan	گذاشتن
treccia (f)	muy-ye bāfte	موی بافته
basette (f pl)	xatt-e riš	خط ریش
rosso (agg)	muqermez	موقرمز
brizzolato (agg)	sefid-e mu	سفید مو
calvo (agg)	tās	طاس
calvizie (f)	tāsi	طاسی
coda (f) di cavallo	dom-e asbi	دم اسبی
frangetta (f)	čatri	چتری

29. Corpo umano

mano (f)	dast	دست
braccio (m)	bāzu	بازو
dito (m)	angošt	انگشت
dito (m) del piede	šast-e pā	شصت پا
pollice (m)	šost	شست
mignolo (m)	angošt-e kučak	انگشت کوچک
unghia (f)	nāxon	ناخن
pugno (m)	mošt	مشت
palmo (m)	kaf-e dast	کف دست
polso (m)	moč-e dast	مچ دست
avambraccio (m)	sā'ed	ساعد
gomito (m)	āranj	آرنج
spalla (f)	ketf	کتف
gamba (f)	pā	پا
pianta (f) del piede	pā	پا
ginocchio (m)	zānu	زانو
polpaccio (m)	sāq	ساق
anca (f)	rān	ران
tallone (m)	pāšne-ye pā	پاشنهٔ پا
corpo (m)	badan	بدن
pancia (f)	šekam	شکم
petto (m)	sine	سینه
seno (m)	sine	سینه
fianco (m)	pahlu	پهلو
schiena (f)	pošt	پشت
zona (f) lombare	kamar	کمر
vita (f)	dur-e kamar	دور کمر
ombelico (m)	nāf	ناف
natiche (f pl)	nešiman-e gāh	نشیمن گاه
sedere (m)	bāsan	باسن
neo (m)	xāl	خال
voglia (f) (~ di fragola)	xāl-e mādarzād	خال مادرزاد
tatuaggio (m)	xāl kubi	خال کوبی
cicatrice (f)	jā-ye zaxm	جای زخم

Abbigliamento e Accessori

30. Indumenti. Soprabiti

vestiti (m pl)	lebās	لباس
soprabito (m)	lebās-e ru	لباس رو
abiti (m pl) invernali	lebās-e zemestāni	لباس زمستانی
cappotto (m)	pāltow	پالتو
pelliccia (f)	pālto-ye pustin	پالتوی پوستین
pellicciotto (m)	kot-e pustin	کت پوستین
piumino (m)	kāpšan	کاپشن
giubbotto (m), giaccha (f)	kot	کت
impermeabile (m)	bārāni	بارانی
impermeabile (agg)	zed-e āb	ضد آب

31. Abbigliamento uomo e donna

camicia (f)	pirāhan	پیراهن
pantaloni (m pl)	šalvār	شلوار
jeans (m pl)	jin	جین
giacca (f) (~ di tweed)	kot	کت
abito (m) da uomo	kat-o šalvār	کت و شلوار
abito (m)	lebās	لباس
gonna (f)	dāman	دامن
camicetta (f)	boluz	بلوز
giacca (f) a maglia	jeliqe-ye kešbāf	جلیقه کشباف
giacca (f) tailleur	kot	کت
maglietta (f)	tey šarr-at	تی شرت
pantaloni (m pl) corti	šalvarak	شلوارک
tuta (f) sportiva	lebās-e varzeši	لباس ورزشی
accappatoio (m)	howle-ye hamām	حوله حمام
pigiama (m)	pižāme	پیژامه
maglione (m)	poliver	پلیور
pullover (m)	poliver	پلیور
gilè (m)	jeliqe	جلیقه
frac (m)	kat-e dāman gerd	کت دامن گرد
smoking (m)	esmoking	اسموکینگ
uniforme (f)	oniform	اونیفورم
tuta (f) da lavoro	lebās-e kār	لباس کار
salopette (f)	rupuš	روپوش
camice (m) (~ del dottore)	rupuš	روپوش

32. Abbigliamento. Biancheria intima

biancheria (f) intima	lebās-e zir	لباس زیر
boxer (m pl)	šort-e bākser	شورت باکسر
mutandina (f)	šort-e zanāne	شورت زنانه
maglietta (f) intima	zir-e pirāhan-i	زیر پیراهنی
calzini (m pl)	jurāb	جوراب
camicia (f) da notte	lebās-e xāb	لباس خواب
reggiseno (m)	sine-ye band	سینه بند
calzini (m pl) alti	sāq	ساق
collant (m)	jurāb-e šalvāri	جوراب شلواری
calze (f pl)	jurāb-e sāqeboland	جوراب ساقه بلند
costume (m) da bagno	māyo	مایو

33. Copricapo

cappello (m)	kolāh	کلاه
cappello (m) di feltro	šāpo	شاپو
cappello (m) da baseball	kolāh beysbāl	کلاه بیس بال
coppola (f)	kolāh-e taxt	کلاه تخت
basco (m)	kolāh barre	کلاه بره
cappuccio (m)	kolāh-e bārāni	کلاه بارانی
panama (m)	kolāh-e dowre-ye boland	کلاه دوره بلند
berretto (m) a maglia	kolāh-e bāftani	کلاه بافتنی
fazzoletto (m) da capo	rusari	روسری
cappellino (m) donna	kolāh-e zanāne	کلاه زنانه
casco (m) (~ di sicurezza)	kolāh-e imeni	کلاه ایمنی
bustina (f)	kolāh-e pādegān	کلاه پادگان
casco (m) (~ moto)	kolāh-e imeni	کلاه ایمنی
bombetta (f)	kolāh-e namadi	کلاه نمدی
cilindro (m)	kolāh-e ostovānei	کلاه استوانه ای

34. Calzature

calzature (f pl)	kafš	کفش
stivaletti (m pl)	putin	پوتین
scarpe (f pl)	kafš	کفش
stivali (m pl)	čakme	چکمه
pantofole (f pl)	dampāyi	دمپایی
scarpe (f pl) da tennis	kafš katān-i	کفش کتانی
scarpe (f pl) da ginnastica	kafš katān-i	کفش کتانی
sandali (m pl)	sandal	صندل
calzolaio (m)	kaffāš	کفاش
tacco (m)	pāšne-ye kafš	پاشنهٔ کفش

paio (m)	yek joft	یک جفت
laccio (m)	band-e kafš	بند کفش
allacciare (vt)	band-e kafš bastan	بند کفش بستن
calzascarpe (m)	pāšne keš	پاشنه کش
lucido (m) per le scarpe	vāks	واکس

35. Tessuti. Stoffe

cotone (m)	panbe	پنبه
di cotone	panbe i	پنبه ای
lino (m)	katān	کتان
di lino	katāni	کتانی
seta (f)	abrišam	ابریشم
di seta	abrišami	ابریشمی
lana (f)	pašm	پشم
di lana	pašmi	پشمی
velluto (m)	maxmal	مخمل
camoscio (m)	jir	جیر
velluto (m) a coste	maxmal-e kebriti	مخمل کبریتی
nylon (m)	nāylon	نایلون
di nylon	nāyloni	نایلونی
poliestere (m)	poliester	پلی استر
di poliestere	poliester	پلیاستر
pelle (f)	čarm	چرم
di pelle	čarmi	چرمی
pelliccia (f)	xaz	خز
di pelliccia	xaz	خز

36. Accessori personali

guanti (m pl)	dastkeš	دستکش
manopole (f pl)	dastkeš-e yek angošti	دستکش یک انگشتی
sciarpa (f)	šāl-e gardan	شال گردن
occhiali (m pl)	eynak	عینک
montatura (f)	qāb	قاب
ombrello (m)	čatr	چتر
bastone (m)	asā	عصا
spazzola (f) per capelli	bores-e mu	برس مو
ventaglio (m)	bādbezan	بادبزن
cravatta (f)	kerāvāt	کراوات
cravatta (f) a farfalla	pāpiyon	پاپیون
bretelle (f pl)	band šalvār	بند شلوار
fazzoletto (m)	dastmāl	دستمال
pettine (m)	šāne	شانه
fermaglio (m)	sanjāq-e mu	سنجاق مو

forcina (f)	sanjāq-e mu	سنجاق مو
fibbia (f)	sagak	سگک
cintura (f)	kamarband	کمربند
spallina (f)	tasme	تسمه
borsa (f)	keyf	کیف
borsetta (f)	keyf-e zanāne	کیف زنانه
zaino (m)	kule pošti	کوله پشتی

37. Abbigliamento. Varie

moda (f)	mod	مد
di moda	mod	مد
stilista (m)	tarrāh-e lebas	طراح لباس
collo (m)	yaqe	یقه
tasca (f)	jib	جیب
tascabile (agg)	jibi	جیبی
manica (f)	āstin	آستین
asola (f) per appendere	band-e āviz	بند آویز
patta (f) (~ dei pantaloni)	zip	زیپ
cerniera (f) lampo	zip	زیپ
chiusura (f)	sagak	سگک
bottone (m)	dokme	دکمه
occhiello (m)	surāx-e dokme	سوراخ دکمه
staccarsi (un bottone)	kande šodan	کنده شدن
cucire (vi, vt)	duxtan	دوختن
ricamare (vi, vt)	golduzi kardan	گلدوزی کردن
ricamo (m)	golduzi	گلدوزی
ago (m)	suzan	سوزن
filo (m)	nax	نخ
cucitura (f)	darz	درز
sporcarsi (vr)	kasif šodan	کثیف شدن
macchia (f)	lakke	لکه
sgualcirsi (vr)	čoruk šodan	چروک شدن
strappare (vt)	pāre kardan	پاره کردن
tarma (f)	šab parre	شب پره

38. Cura della persona. Cosmetici

dentifricio (m)	xamir-e dandān	خمیر دندان
spazzolino (m) da denti	mesvāk	مسواک
lavarsi i denti	mesvāk zadan	مسواک زدن
rasoio (m)	tiq	تیغ
crema (f) da barba	kerem-e riš tarāši	کرم ریش تراشی
rasarsi (vr)	riš tarāšidan	ریش تراشیدن
sapone (m)	sābun	صابون

shampoo (m)	šāmpu	شامپو
forbici (f pl)	qeyči	قیچی
limetta (f)	sohan-e nāxon	سوهان ناخن
tagliaunghie (m)	nāxon gir	ناخن گیر
pinzette (f pl)	mučin	موچین
cosmetica (f)	lavāzem-e ārāyeši	لوازم آرایشی
maschera (f) di bellezza	māsk	ماسک
manicure (m)	mānikur	مانیکور
fare la manicure	mānikur kardan	مانیکور کردن
pedicure (m)	pedikur	پدیکور
borsa (f) del trucco	kife lavāzem-e ārāyeši	کیف لوازم آرایشی
cipria (f)	pudr	پودر
portacipria (m)	ja'be-ye pudr	جعبهٔ پودر
fard (m)	sorxāb	سرخاب
profumo (m)	atr	عطر
acqua (f) da toeletta	atr	عطر
lozione (f)	losiyon	لوسیون
acqua (f) di Colonia	odkolon	اودکلن
ombretto (m)	sāye-ye češm	سایه چشم
eyeliner (m)	medād čašm	مداد چشم
mascara (m)	rimel	ریمل
rossetto (m)	mātik	ماتیک
smalto (m)	lāk-e nāxon	لاک ناخن
lacca (f) per capelli	esperey-ye mu	اسپری مو
deodorante (m)	deodyrant	دئودورانت
crema (f)	kerem	کرم
crema (f) per il viso	kerem-e surat	کرم صورت
crema (f) per le mani	kerem-e dast	کرم دست
crema (f) antirughe	kerem-e zedd-e čoruk	کرم ضد چروک
crema (f) da giorno	kerem-e ruz	کرم روز
crema (f) da notte	kerem-e šab	کرم شب
da giorno	ruzāne	روزانه
da notte	šab	شب
tampone (m)	tāmpon	تامپون
carta (f) igienica	kāqaz-e tuālet	کاغذ توالت
fon (m)	sešovār	سشوار

39. Gioielli

gioielli (m pl)	javāherāt	جواهرات
prezioso (agg)	qeymati	قیمتی
marchio (m)	ayār	عیار
anello (m)	angoštar	انگشتر
anello (m) nuziale	halqe	حلقه
braccialetto (m)	alangu	النگو
orecchini (m pl)	gušvāre	گوشواره

collana (f)	gardan band	گردن بند
corona (f)	tāj	تاج
perline (f pl)	gardan band	گردن بند
diamante (m)	almās	الماس
smeraldo (m)	zomorrod	زمرد
rubino (m)	yāqut	یاقوت
zaffiro (m)	yāqut-e kabud	یاقوت کبود
perle (f pl)	morvārid	مروارید
ambra (f)	kahrobā	کهربا

40. Orologi da polso. Orologio

orologio (m) (~ da polso)	sā'at-e moči	ساعت مچی
quadrante (m)	safhe-ye sā'at	صفحهٔ ساعت
lancetta (f)	aqrabe	عقربه
braccialetto (m)	band-e sāat	بند ساعت
cinturino (m)	band-e čarmi	بند چرمی
pila (f)	bātri	باطری
essere scarico	tamām šodan bātri	تمام شدن باتری
cambiare la pila	bātri avaz kardan	باطری عوض کردن
andare avanti	jelo oftādan	جلو افتادن
andare indietro	aqab māndan	عقب ماندن
orologio (m) da muro	sā'at-e divāri	ساعت دیواری
clessidra (f)	sā'at-e šeni	ساعت شنی
orologio (m) solare	sā'at-e āftābi	ساعت آفتابی
sveglia (f)	sā'at-e zang dār	ساعت زنگ دار
orologiaio (m)	sā'at sāz	ساعت ساز
riparare (vt)	ta'mir kardan	تعمیر کردن

Cibo. Alimentazione

41. Cibo

carne (f)	gušt	گوشت
pollo (m)	morq	مرغ
pollo (m) novello	juje	جوجه
anatra (f)	ordak	اردک
oca (f)	qāz	غاز
cacciagione (f)	gušt-e šekār	گوشت شکار
tacchino (m)	gušt-e buqalamun	گوشت بوقلمون
maiale (m)	gušt-e xuk	گوشت خوک
vitello (m)	gušt-e gusāle	گوشت گوساله
agnello (m)	gušt-e gusfand	گوشت گوسفند
manzo (m)	gušt-e gāv	گوشت گاو
coniglio (m)	xarguš	خرگوش
salame (m)	kālbās	کالباس
w?rstel (m)	sosis	سوسیس
pancetta (f)	beykon	بیکن
prosciutto (m)	žāmbon	ژامبون
prosciutto (m) affumicato	rān xuk	ران خوک
pâté (m)	pāte	پاته
fegato (m)	jegar	جگر
carne (f) trita	hamberger	همبرگر
lingua (f)	zabān	زبان
uovo (m)	toxm-e morq	تخم مرغ
uova (f pl)	toxm-e morq-ha	تخم مرغ ها
albume (m)	sefide-ye toxm-e morq	سفیده تخم مرغ
tuorlo (m)	zarde-ye toxm-e morq	زرده تخم مرغ
pesce (m)	māhi	ماهی
frutti (m pl) di mare	qazā-ye daryāyi	غذای دریایی
crostacei (m pl)	saxtpustān	سختپوستان
caviale (m)	xāviār	خاویار
granchio (m)	xarčang	خرچنگ
gamberetto (m)	meygu	میگو
ostrica (f)	sadaf-e xorāki	صدف خوراکی
aragosta (f)	xarčang-e xārdār	خرچنگ خاردار
polpo (m)	hašt pā	هشت پا
calamaro (m)	māhi-ye morakkab	ماهی مرکب
storione (m)	māhi-ye xāviār	ماهی خاویار
salmone (m)	māhi-ye salemon	ماهی سالمون
ippoglosso (m)	halibut	هالیبوت
merluzzo (m)	māhi-ye rowqan	ماهی روغن

scombro (m)	māhi-ye esqumeri	ماهی اسقومری
tonno (m)	tan māhi	تن ماهی
anguilla (f)	mārmāhi	مارماهی
trota (f)	māhi-ye qezelālā	ماهی قزل آلا
sardina (f)	sārdin	ساردین
luccio (m)	ordak māhi	اردک ماهی
aringa (f)	māhi-ye šur	ماهی شور
pane (m)	nān	نان
formaggio (m)	panir	پنیر
zucchero (m)	qand	قند
sale (m)	namak	نمک
riso (m)	berenj	برنج
pasta (f)	mākāroni	ماکارونی
tagliatelle (f pl)	rešte-ye farangi	رشته فرنگی
burro (m)	kare	کره
olio (m) vegetale	rowqan-e nabāti	روغن نباتی
olio (m) di girasole	rowqan āftābgardān	روغن آفتاب گردان
margarina (f)	mārgārin	مارگارین
olive (f pl)	zeytun	زیتون
olio (m) d'oliva	rowqan-e zeytun	روغن زیتون
latte (m)	šir	شیر
latte (m) condensato	šir-e čegāl	شیر چگال
yogurt (m)	mās-at	ماست
panna (f) acida	xāme-ye torš	خامۀ ترش
panna (f)	saršir	سرشیر
maionese (m)	māyonez	مایونز
crema (f)	xāme	خامه
cereali (m pl)	hobubāt	حبوبات
farina (f)	ārd	آرد
cibi (m pl) in scatola	konserv-hā	کنسرو ها
fiocchi (m pl) di mais	bereštuk	برشتوک
miele (m)	asal	عسل
marmellata (f)	morabbā	مربا
gomma (f) da masticare	ādāms	آدامس

42. Bevande

acqua (f)	āb	آب
acqua (f) potabile	āb-e āšāmidani	آب آشامیدنی
acqua (f) minerale	āb-e ma'dani	آب معدنی
liscia (non gassata)	bedun-e gāz	بدون گاز
gassata (agg)	gāzdār	گازدار
frizzante (agg)	gāzdār	گازدار
ghiaccio (m)	yax	یخ

con ghiaccio	yax dār	یخ دار
analcolico (agg)	bi alkol	بی الکل
bevanda (f) analcolica	nušābe-ye bi alkol	نوشابهٔ بی الکل
bibita (f)	nušābe-ye xonak	نوشابهٔ خنک
limonata (f)	limunād	لیموناد
bevande (f pl) alcoliche	mašrubāt-e alkoli	مشروبات الکلی
vino (m)	šarāb	شراب
vino (m) bianco	šarāb-e sefid	شراب سفید
vino (m) rosso	šarāb-e sorx	شراب سرخ
liquore (m)	likor	لیکور
champagne (m)	šāmpāyn	شامپاین
vermouth (m)	vermut	ورموت
whisky	viski	ویسکی
vodka (f)	vodkā	ودکا
gin (m)	jin	جین
cognac (m)	konyāk	کنیاک
rum (m)	araq-e neyšekar	عرق نیشکر
caffè (m)	qahve	قهوه
caffè (m) nero	qahve-ye talx	قهوهٔ تلخ
caffè latte (m)	šir-qahve	شیرقهوه
cappuccino (m)	kāpočino	کاپوچینو
caffè (m) solubile	qahve-ye fowri	قهوه فوری
latte (m)	šir	شیر
cocktail (m)	kuktel	کوکتل
frullato (m)	kuktele šir	کوکتل شیر
succo (m)	āb-e mive	آب میوه
succo (m) di pomodoro	āb-e gowjefarangi	آب گوجه فرنگی
succo (m) d'arancia	āb-e porteqāl	آب پرتقال
spremuta (f)	āb-e mive-ye taze	آب میوهٔ تازه
birra (f)	ābejow	آبجو
birra (f) chiara	ābejow-ye sabok	آبجوی سبک
birra (f) scura	ābejow-ye tire	آبجوی تیره
tè (m)	čāy	چای
tè (m) nero	čāy-e siyāh	چای سیاه
tè (m) verde	čāy-e sabz	چای سبز

43. Verdure

ortaggi (m pl)	sabzijāt	سبزیجات
verdura (f)	sabzi	سبزی
pomodoro (m)	gowje farangi	گوجه فرنگی
cetriolo (m)	xiyār	خیار
carota (f)	havij	هویج
patata (f)	sib zamini	سیب زمینی
cipolla (f)	piyāz	پیاز

aglio (m)	sir	سیر
cavolo (m)	kalam	کلم
cavolfiore (m)	gol kalam	گل کلم
cavoletti (m pl) di Bruxelles	koll-am boruksel	کلم بروکسل
broccolo (m)	kalam borokli	کلم بروکلی
barbabietola (f)	čoqondar	چغندر
melanzana (f)	bādenjān	بادنجان
zucchina (f)	kadu sabz	کدو سبز
zucca (f)	kadu tanbal	کدو تنبل
rapa (f)	šalqam	شلغم
prezzemolo (m)	ja'fari	جعفری
aneto (m)	šavid	شوید
lattuga (f)	kāhu	کاهو
sedano (m)	karafs	کرفس
asparago (m)	mārčube	مارچوبه
spinaci (m pl)	esfenāj	اسفناج
pisello (m)	noxod	نخود
fave (f pl)	lubiyā	لوبیا
mais (m)	zorrat	ذرت
fagiolo (m)	lubiyā qermez	لوبیا قرمز
peperone (m)	felfel	فلفل
ravanello (m)	torobče	تربچه
carciofo (m)	kangar farangi	کنگرفرنگی

44. Frutta. Noci

frutto (m)	mive	میوه
mela (f)	sib	سیب
pera (f)	golābi	گلابی
limone (m)	limu	لیمو
arancia (f)	porteqāl	پرتقال
fragola (f)	tut-e farangi	توت فرنگی
mandarino (m)	nārengi	نارنگی
prugna (f)	ālu	آلو
pesca (f)	holu	هلو
albicocca (f)	zardālu	زردآلو
lampone (m)	tamešk	تمشک
ananas (m)	ānānās	آناناس
banana (f)	mowz	موز
anguria (f)	hendevāne	هندوانه
uva (f)	angur	انگور
amarena (f)	ālbālu	آلبالو
ciliegia (f)	gilās	گیلاس
melone (m)	xarboze	خربزه
pompelmo (m)	gerip forut	گریپ فوروت
avocado (m)	āvokādo	اووکادو
papaia (f)	pāpāyā	پاپایا

mango (m)	anbe	انبه
melagrana (f)	anār	انار
ribes (m) rosso	angur-e farangi-ye sorx	انگور فرنگی سرخ
ribes (m) nero	angur-e farangi-ye siyāh	انگور فرنگی سیاه
uva (f) spina	angur-e farangi	انگور فرنگی
mirtillo (m)	zoqāl axte	زغال اخته
mora (f)	šāh tut	شاه توت
uvetta (f)	kešmeš	کشمش
fico (m)	anjir	انجیر
dattero (m)	xormā	خرما
arachide (f)	bādām zamin-i	بادام زمینی
mandorla (f)	bādām	بادام
noce (f)	gerdu	گردو
nocciola (f)	fandoq	فندق
noce (f) di cocco	nārgil	نارگیل
pistacchi (m pl)	peste	پسته

45. Pane. Dolci

pasticceria (f)	širini jāt	شیرینی جات
pane (m)	nān	نان
biscotti (m pl)	biskuit	بیسکوییت
cioccolato (m)	šokolāt	شکلات
al cioccolato (agg)	šokolāti	شکلاتی
caramella (f)	āb nabāt	آب نبات
tortina (f)	nān-e širini	نان شیرینی
torta (f)	širini	شیرینی
crostata (f)	keyk	کیک
ripieno (m)	čāšni	چاشنی
marmellata (f)	morabbā	مربا
marmellata (f) di agrumi	mārmālād	مارمالاد
wafer (m)	vāfel	وافل
gelato (m)	bastani	بستنی
budino (m)	puding	پودینگ

46. Pietanze cucinate

piatto (m) (~ principale)	qazā	غذا
cucina (f)	qazā	غذا
ricetta (f)	dastur-e poxt	دستور پخت
porzione (f)	pors	پرس
insalata (f)	sālād	سالاد
minestra (f)	sup	سوپ
brodo (m)	pāye-ye sup	پایه سوپ
panino (m)	sāndevič	ساندویچ

uova (f pl) al tegamino	nimru	نیمرو
hamburger (m)	hamberger	همبرگر
bistecca (f)	esteyk	استیک
contorno (m)	moxallafāt	مخلفات
spaghetti (m pl)	espāgeti	اسپاگتی
purè (m) di patate	pure-ye sibi zamini	پورهٔ سیب زمینی
pizza (f)	pitzā	پیتزا
porridge (m)	šurbā	شوربا
frittata (f)	ommol-at	املت
bollito (agg)	āb paz	آب پز
affumicato (agg)	dudi	دودی
fritto (agg)	sorx šode	سرخ شده
secco (agg)	xošk	خشک
congelato (agg)	yax zade	یخ زده
sottoaceto (agg)	torši	ترشی
dolce (gusto)	širin	شیرین
salato (agg)	šur	شور
freddo (agg)	sard	سرد
caldo (agg)	dāq	داغ
amaro (agg)	talx	تلخ
buono, gustoso (agg)	xoš mazze	خوش مزه
cuocere, preparare (vt)	poxtan	پختن
cucinare (vi)	poxtan	پختن
friggere (vt)	sorx kardan	سرخ کردن
riscaldare (vt)	garm kardan	گرم کردن
salare (vt)	namak zadan	نمک زدن
pepare (vt)	felfel pāšidan	فلفل پاشیدن
grattugiare (vt)	rande kardan	رنده کردن
buccia (f)	pust	پوست
sbucciare (vt)	pust kandan	پوست کندن

47. Spezie

sale (m)	namak	نمک
salato (agg)	šur	شور
salare (vt)	namak zadan	نمک زدن
pepe (m) nero	felfel-e siyāh	فلفل سیاه
peperoncino (m)	felfel-e sorx	فلفل سرخ
senape (f)	xardal	خردل
cren (m)	torob-e kuhi	ترب کوهی
condimento (m)	adviye	ادویه
spezie (f pl)	adviye	ادویه
salsa (f)	ses	سس
aceto (m)	serke	سرکه
anice (m)	rāziyāne	رازیانه
basilico (m)	reyhān	ریحان

chiodi (m pl) di garofano	mixak	میخک
zenzero (m)	zanjefil	زنجفیل
coriandolo (m)	gešniz	گشنیز
cannella (f)	dārčin	دارچین
sesamo (m)	konjed	کنجد
alloro (m)	barg-e bu	برگ بو
paprica (f)	paprika	پاپریکا
cumino (m)	zire	زیره
zafferano (m)	za'ferān	زعفران

48. Pasti

cibo (m)	qazā	غذا
mangiare (vi, vt)	xordan	خوردن
colazione (f)	sobhāne	صبحانه
fare colazione	sobhāne xordan	صبحانه خوردن
pranzo (m)	nāhār	ناهار
pranzare (vi)	nāhār xordan	ناهار خوردن
cena (f)	šām	شام
cenare (vi)	šām xordan	شام خوردن
appetito (m)	eštehā	اشتها
Buon appetito!	nuš-e jān	نوش جان
aprire (vt)	bāz kardan	باز کردن
rovesciare (~ il vino, ecc.)	rixtan	ریختن
rovesciarsi (vr)	rixtan	ریختن
bollire (vi)	jušidan	جوشیدن
far bollire	jušāndan	جوشاندن
bollito (agg)	jušide	جوشیده
raffreddare (vt)	sard kardan	سرد کردن
raffreddarsi (vr)	sard šodan	سرد شدن
gusto (m)	maze	مزه
retrogusto (m)	maze	مزه
essere a dieta	lāqar kardan	لاغر کردن
dieta (f)	režim	رژیم
vitamina (f)	vitāmin	ویتامین
caloria (f)	kālori	کالری
vegetariano (m)	giyāh xār	گیاه خوار
vegetariano (agg)	giyāh xāri	گیاه خواری
grassi (m pl)	čarbi-hā	چربی ها
proteine (f pl)	porotein	پروتئین
carboidrati (m pl)	karbohidrāt-hā	کربو هیدرات ها
fetta (f), fettina (f)	qet'e	قطعه
pezzo (m) (~ di torta)	tekke	تکه
briciola (f) (~ di pane)	zarre	ذره

49. Preparazione della tavola

cucchiaio (m)	qāšoq	قاشق
coltello (m)	kārd	کارد
forchetta (f)	čangāl	چنگال
tazza (f)	fenjān	فنجان
piatto (m)	bošqāb	بشقاب
piattino (m)	na'lbeki	نعلبکی
tovagliolo (m)	dastmāl	دستمال
stuzzicadenti (m)	xelāl-e dandān	خلال دندان

50. Ristorante

ristorante (m)	resturān	رستوران
caffè (m)	kāfe	کافه
pub (m), bar (m)	bār	بار
sala (f) da tè	qahve xāne	قهوه خانه
cameriere (m)	pišxedmat	پیشخدمت
cameriera (f)	pišxedmat	پیشخدمت
barista (m)	motesaddi-ye bār	متصدی بار
menù (m)	meno	منو
lista (f) dei vini	kārt-e šarāb	کارت شراب
prenotare un tavolo	miz rezerv kardan	میز رزرو کردن
piatto (m)	qazā	غذا
ordinare (~ il pranzo)	sefāreš dādan	سفارش دادن
fare un'ordinazione	sefāreš dādan	سفارش دادن
aperitivo (m)	mašrub-e piš qazā	مشروب پیش غذا
antipasto (m)	piš qazā	پیش غذا
dolce (m)	deser	دسر
conto (m)	surat hesāb	صورت حساب
pagare il conto	surat-e hesāb rā pardāxtan	صورت حساب را پرداختن
dare il resto	baqiye rā dādan	بقیه را دادن
mancia (f)	an'ām	انعام

Famiglia, parenti e amici

51. Informazioni personali. Moduli

nome (m)	esm	اسم
cognome (m)	nām-e xānevādegi	نام خانوادگی
data (f) di nascita	tārix-e tavallod	تاریخ تولد
luogo (m) di nascita	mahall-e tavallod	محل تولد
nazionalità (f)	melliyat	ملیت
domicilio (m)	mahall-e sokunat	محل سکونت
paese (m)	kešvar	کشور
professione (f)	šoql	شغل
sesso (m)	jens	جنس
statura (f)	qad	قد
peso (m)	vazn	وزن

52. Membri della famiglia. Parenti

madre (f)	mādar	مادر
padre (m)	pedar	پدر
figlio (m)	pesar	پسر
figlia (f)	doxtar	دختر
figlia (f) minore	doxtar-e kučak	دختر کوچک
figlio (m) minore	pesar-e kučak	پسر کوچک
figlia (f) maggiore	doxtar-e bozorg	دختر بزرگ
figlio (m) maggiore	pesar-e bozorg	پسر بزرگ
fratello (m)	barādar	برادر
fratello (m) maggiore	barādar-e bozorg	برادر بزرگ
fratello (m) minore	barādar-e kučak	برادر کوچک
sorella (f)	xāhar	خواهر
sorella (f) maggiore	xāhar-e bozorg	خواهر بزرگ
sorella (f) minore	xāhar-e kučak	خواهر کوچک
cugino (m)	pesar 'amu	پسر عمو
cugina (f)	doxtar amu	دخترعمو
mamma (f)	māmān	مامان
papà (m)	bābā	بابا
genitori (m pl)	vāledeyn	والدین
bambino (m)	kudak	کودک
bambini (m pl)	bače-hā	بچه ها
nonna (f)	mādarbozorg	مادربزرگ
nonno (m)	pedar-bozorg	پدربزرگ

nipote (m) (figlio di un figlio)	nave	نوه
nipote (f)	nave	نوه
nipoti (pl)	nave-hā	نوه ها
zio (m)	amu	عمو
zia (f)	xāle yā amme	خاله یا عمه
nipote (m) (figlio di un fratello)	barādar-zāde	برادرزاده
nipote (f)	xāhar-zāde	خواهرزاده
suocera (f)	mādarzan	مادرزن
suocero (m)	pedar-šowhar	پدرشوهر
genero (m)	dāmād	داماد
matrigna (f)	nāmādari	نامادری
patrigno (m)	nāpedari	ناپدری
neonato (m)	nowzād	نوزاد
infante (m)	širxār	شیرخوار
bimbo (m), ragazzino (m)	pesar-e kučulu	پسر کوچولو
moglie (f)	zan	زن
marito (m)	šowhar	شوهر
coniuge (m)	hamsar	همسر
coniuge (f)	hamsar	همسر
sposato (agg)	mote'ahhel	متاهل
sposata (agg)	mote'ahhel	متاهل
celibe (agg)	mojarrad	مجرد
scapolo (m)	mojarrad	مجرد
divorziato (agg)	talāq gerefte	طلاق گرفته
vedova (f)	bive zan	بیوه زن
vedovo (m)	bive	بیوه
parente (m)	xišāvand	خویشاوند
parente (m) stretto	aqvām-e nazdik	اقوام نزدیک
parente (m) lontano	aqvām-e dur	اقوام دور
parenti (m pl)	aqvām	اقوام
orfano (m), orfana (f)	yatim	یتیم
tutore (m)	qayyem	قیم
adottare (~ un bambino)	be pesari gereftan	به پسری گرفتن
adottare (~ una bambina)	be doxtari gereftan	به دختری گرفتن

53. Amici. Colleghi

amico (m)	dust	دوست
amica (f)	dust	دوست
amicizia (f)	dusti	دوستی
essere amici	dust budan	دوست بودن
amico (m) (inform.)	rafiq	رفیق
amica (f) (inform.)	rafiq	رفیق
partner (m)	šarik	شریک
capo (m)	ra'is	رئیس
capo (m), superiore (m)	ra'is	رئیس

proprietario (m)	sāheb	صاحب
subordinato (m)	zirdast	زیردست
collega (m)	hamkār	همکار
conoscente (m)	āšnā	آشنا
compagno (m) di viaggio	hamsafar	همسفر
compagno (m) di classe	ham kelās	هم کلاس
vicino (m)	hamsāye	همسایه
vicina (f)	hamsāye	همسایه
vicini (m pl)	hamsāye-hā	همسایه ها

54. Uomo. Donna

donna (f)	zan	زن
ragazza (f)	doxtar	دختر
sposa (f)	arus	عروس
bella (agg)	zibā	زیبا
alta (agg)	qad boland	قد بلند
snella (agg)	xoš andām	خوش اندام
bassa (agg)	qad kutāh	قد کوتاه
bionda (f)	mu bur	مو بور
bruna (f)	mu siyāh	مو سیاه
da donna (agg)	zanāne	زنانه
vergine (f)	bākere	باکره
incinta (agg)	bārdār	باردار
uomo (m) (adulto maschio)	mard	مرد
biondo (m)	mu bur	مو بور
bruno (m)	mu siyāh	مو سیاه
alto (agg)	qad boland	قد بلند
basso (agg)	qad kutāh	قد کوتاه
sgarbato (agg)	xašen	خشن
tozzo (agg)	tanumand	تنومند
robusto (agg)	tanumand	تنومند
forte (agg)	nirumand	نیرومند
forza (f)	niru	نیرو
grasso (agg)	čāq	چاق
bruno (agg)	sabze ru	سبزه رو
snello (agg)	xoš andām	خوش اندام
elegante (agg)	barāzande	برازنده

55. Età

età (f)	sen	سن
giovinezza (f)	javāni	جوانی
giovane (agg)	javān	جوان

più giovane (agg)	kučaktar	کوچکتر
più vecchio (agg)	bozorgtar	بزرگتر
giovane (m)	mard-e javān	مرد جوان
adolescente (m, f)	nowjavān	نوجوان
ragazzo (m)	mard	مرد
vecchio (m)	pirmard	پیرمرد
vecchia (f)	pirzan	پیرزن
adulto (m)	bāleq	بالغ
di mezza età	miyānsāl	میانسال
anziano (agg)	sālmand	سالمند
vecchio (agg)	mosen	مسن
pensionamento (m)	mostamerri	مستمری
andare in pensione	bāznešaste šodan	بازنشسته شدن
pensionato (m)	bāznešaste	بازنشسته

56. Bambini

bambino (m), bambina (f)	kudak	کودک
bambini (m pl)	bače-hā	بچه ها
gemelli (m pl)	doqolu	دوقلو
culla (f)	gahvāre	گهواره
sonaglio (m)	jeqjeqe	جغجغه
pannolino (m)	pušak	پوشک
tettarella (f)	pestānak	پستانک
carrozzina (f)	kāleske	کالسکه
scuola (f) materna	kudakestān	کودکستان
baby-sitter (f)	parastār bače	پرستار بچه
infanzia (f)	kudaki	کودکی
bambola (f)	arusak	عروسک
giocattolo (m)	asbāb bāzi	اسباب بازی
gioco (m) di costruzione	xāne sāzi	خانه سازی
educato (agg)	bā tarbiyat	با تربیت
maleducato (agg)	bi tarbiyat	بی تربیت
viziato (agg)	lus	لوس
essere disubbidiente	šeytanat kardan	شیطنت کردن
birichino (agg)	bāziguš	بازیگوش
birichinata (f)	šeytāni	شیطانی
bambino (m) birichino	šeytān	شیطان
ubbidiente (agg)	moti'	مطیع
disubbidiente (agg)	sarkeš	سرکش
docile (agg)	āqel	عاقل
intelligente (agg)	bāhuš	باهوش
bambino (m) prodigio	kudak nābeqe	کودک نابغه

57. Coppie sposate. Vita di famiglia

baciare (vt)	busidan	بوسیدن
baciarsi (vr)	hamdigar rā busidan	همدیگررا بوسیدن
famiglia (f)	xānevāde	خانواده
familiare (agg)	xānevādegi	خانوادگی
coppia (f)	zoj	زوج
matrimonio (m)	ezdevāj	ازدواج
focolare (m) domestico	kāšāne	کاشانه
dinastia (f)	selsele	سلسله
appuntamento (m)	qarār	قرار
bacio (m)	buse	بوسه
amore (m)	ešq	عشق
amare (qn)	dust dāštan	دوست داشتن
amato (agg)	mahbub	محبوب
tenerezza (f)	mehrbāni	مهربانی
dolce, tenero (agg)	mehrbān	مهربان
fedeltà (f)	vafā	وفا
fedele (agg)	vafādār	وفادار
premura (f)	tavajjoh	توجه
premuroso (agg)	ba molāheze	با ملاحظه
sposi (m pl) novelli	tāze ezdevāj karde	تازه ازدواج کرده
luna (f) di miele	māh-e asal	ماه عسل
sposarsi (per una donna)	ezdevāj kardan	ازدواج کردن
sposarsi (per un uomo)	ezdevāj kardan	ازدواج کردن
nozze (f pl)	arusi	عروسی
nozze (f pl) d'oro	panjāhomin sālgard-e arusi	پنجاهمین سالگرد عروسی
anniversario (m)	sālgard	سالگرد
amante (m)	ma'šuq	معشوق
amante (f)	ma'šuqe	معشوقه
adulterio (m)	xiyānat	خیانت
tradire (commettere adulterio)	xiyānat kardan	خیانت کردن
geloso (agg)	hasud	حسود
essere geloso	hasud budan	حسود بودن
divorzio (m)	talāq	طلاق
divorziare (vi)	talāq gereftan	طلاق گرفتن
litigare (vi)	da'vā kardan	دعوا کردن
fare pace	āšti kardan	آشتی کردن
insieme	bāham	باهم
sesso (m)	seks	سکس
felicità (f)	xošbaxti	خوشبختی
felice (agg)	xošbaxt	خوشبخت
disgrazia (f)	badbaxti	بدبختی
infelice (agg)	badbaxt	بدبخت

Personalità. Sentimenti. Emozioni

58. Sentimenti. Emozioni

sentimento (m)	ehsās	احساس
sentimenti (m pl)	ehsāsat	احساسات
sentire (vt)	ehsās kardan	احساس کردن
fame (f)	gorosnegi	گرسنگی
avere fame	gorosne budan	گرسنه بودن
sete (f)	tešnegi	تشنگی
avere sete	tešne budan	تشنه بودن
sonnolenza (f)	xāb āludegi	خواب آلودگی
avere sonno	xābālud budan	خواب آلود بودن
stanchezza (f)	xastegi	خستگی
stanco (agg)	xaste	خسته
stancarsi (vr)	xaste šodan	خسته شدن
umore (m) (buon ~)	xolq	خلق
noia (f)	bi hoselegi	بی حوصلگی
annoiarsi (vr)	hosele sar raftan	حوصله سررفتن
isolamento (f)	guše nešini	گوشه نشینی
isolarsi (vr)	guše nešini kardan	گوشه نشینی کردن
preoccupare (vt)	negarān kardan	نگران کردن
essere preoccupato	negarān šodan	نگران شدن
agitazione (f)	negarāni	نگرانی
preoccupazione (f)	negarāni	نگرانی
preoccupato (agg)	moztareb	مضطرب
essere nervoso	asabi šodan	عصبی شدن
andare in panico	vahšat kardan	وحشت کردن
speranza (f)	omid	امید
sperare (vi, vt)	omid dāštan	امید داشتن
certezza (f)	etminān	اطمینان
sicuro (agg)	motmaen	مطمئن
incertezza (f)	adam-e etminān	عدم اطمینان
incerto (agg)	nā motmaen	نا مطمئن
ubriaco (agg)	mast	مست
sobrio (agg)	hošyār	هوشیار
debole (agg)	za'if	ضعیف
fortunato (agg)	xošbaxt	خوشبخت
spaventare (vt)	tarsāndan	ترساندن
furia (f)	qeyz	غیظ
rabbia (f)	xašm	خشم
depressione (f)	afsordegi	افسردگی
disagio (m)	nārāhati	ناراحتی

conforto (m)	āsāyeš	آسایش
rincrescere (vi)	afsus xordan	افسوس خوردن
rincrescimento (m)	afsus	افسوس
sfortuna (f)	bad šāns-i	بد شانسی
tristezza (f)	delxori	دلخوری
vergogna (f)	šarm	شرم
allegria (f)	šādi	شادی
entusiasmo (m)	eštiyāq	اشتیاق
entusiasta (m)	moštāq	مشتاق
mostrare entusiasmo	eštiyāq dāštan	اشتیاق داشتن

59. Personalità. Carattere

carattere (m)	šaxsiyat	شخصیت
difetto (m)	naqs	نقص
mente (f), intelletto (m)	aql	عقل
coscienza (f)	vejdān	وجدان
abitudine (f)	ādat	عادت
capacità (f)	este'dād	استعداد
sapere (~ nuotare)	tavānestan	توانستن
paziente (agg)	bā howsele	با حوصله
impaziente (agg)	bi hosele	بی حوصله
curioso (agg)	konjkāv	کنجکاو
curiosità (f)	konjkāvi	کنجکاوی
modestia (f)	forutani	فروتنی
modesto (agg)	forutan	فروتن
immodesto (agg)	gostāx	گستاخ
pigrizia (f)	tanbali	تنبلی
pigro (agg)	tanbal	تنبل
poltrone (m)	tanbal	تنبل
furberia (f)	mokāri	مکاری
furbo (agg)	makkār	مکار
diffidenza (f)	bad gomāni	بد گمانی
diffidente (agg)	bad gomān	بد گمان
generosità (f)	sexāvat	سخاوت
generoso (agg)	ba sexāvat	با سخاوت
di talento	bā este'dād	با استعداد
talento (m)	este'dād	استعداد
coraggioso (agg)	šojā'	شجاع
coraggio (m)	šojā'at	شجاعت
onesto (agg)	sādeq	صادق
onestà (f)	sedāqat	صداقت
prudente (agg)	bā ehtiyāt	با احتیاط
valoroso (agg)	bi bāk	بی باک
serio (agg)	jeddi	جدی

severo (agg)	saxt gir	سخت گیر
deciso (agg)	mosammam	مصمم
indeciso (agg)	do del	دو دل
timido (agg)	xejālati	خجالتی
timidezza (f)	xejālat	خجالت
fiducia (f)	e'temād	اعتماد
fidarsi (vr)	bāvar kardan	باور کردن
fiducioso (agg)	zud bāvar	زود باور
sinceramente	sādeqāne	صادقانه
sincero (agg)	sādeq	صادق
sincerità (f)	sedāqat	صداقت
aperto (agg)	sarih	صریح
tranquillo (agg)	ārām	آرام
sincero (agg)	rok	رک
ingenuo (agg)	sāde lowh	ساده لوح
distratto (agg)	sar be havā	سربه هوا
buffo (agg)	xande dār	خنده دار
avidità (f)	hers	حرص
avido (agg)	haris	حریص
avaro (agg)	xasis	خسیس
cattivo (agg)	badjens	بدجنس
testardo (agg)	lajuj	لجوج
antipatico (agg)	nāxošāyand	ناخوشایند
egoista (m)	xodxāh	خودخواه
egoistico (agg)	xodxāhi	خودخواهی
codardo (m)	tarsu	ترسو
codardo (agg)	tarsu	ترسو

60. Dormire. Sogni

dormire (vi)	xābidan	خوابیدن
sonno (m) (stato di sonno)	xāb	خواب
sogno (m)	royā	رویا
sognare (fare sogni)	xāb didan	خواب دیدن
sonnolento (agg)	xāb ālud	خواب آلود
letto (m)	taxt-e xāb	تخت خواب
materasso (m)	tošak	تشک
coperta (f)	patu	پتو
cuscino (m)	bālešt	بالشت
lenzuolo (m)	malāfe	ملافه
insonnia (f)	bi-xābi	بیخوابی
insonne (agg)	bi xāb	بی خواب
sonnifero (m)	xāb āvar	خواب آور
prendere il sonnifero	xābāvar xordan	خواب آور خوردن
avere sonno	xābālud budan	خواب آلود بودن
sbadigliare (vi)	xamyāze kešidan	خمیازه کشیدن

andare a letto	be raxtexāb raftan	به رختخواب رفتن
fare il letto	raxtexāb-e pahn kardan	رختخواب پهن کردن
addormentarsi (vr)	xābidan	خوابیدن
incubo (m)	kābus	کابوس
russare (m)	xoropof	خروپف
russare (vi)	xoropof kardan	خروپف کردن
sveglia (f)	sā'at-e zang dār	ساعت زنگ دار
svegliare (vt)	bidār kardan	بیدار کردن
svegliarsi (vr)	bidār šodan	بیدار شدن
alzarsi (vr)	boland šodan	بلند شدن
lavarsi (vr)	dast-o ru šostan	دست و روشستن

61. Umorismo. Risata. Felicità

umorismo (m)	šuxi	شوخی
senso (m) dello humour	šux ta'bi	شوخ طبعی
divertirsi (vr)	šādi kardan	شادی کردن
allegro (agg)	šād	شاد
allegria (f)	šādi	شادی
sorriso (m)	labxand	لبخند
sorridere (vi)	labxand zadan	لبخند زدن
mettersi a ridere	xandidan	خندیدن
ridere (vi)	xandidan	خندیدن
riso (m)	xande	خنده
aneddoto (m)	latife	لطیفه
divertente (agg)	xande dār	خنده دار
ridicolo (agg)	xande dār	خنده دار
scherzare (vi)	šuxi kardan	شوخی کردن
scherzo (m)	šuxi	شوخی
gioia (f) (fare salti di ~)	šādi	شادی
rallegrarsi (vr)	xošhāl šodan	خوشحال شدن
allegro (agg)	xošhāl	خوشحال

62. Discussione. Conversazione. Parte 1

comunicazione (f)	ertebāt	ارتباط
comunicare (vi)	ertebāt dāštan	ارتباط داشتن
conversazione (f)	mokāleme	مکالمه
dialogo (m)	goftogu	گفتگو
discussione (f)	mobāhese	مباحثه
dibattito (m)	mošājere	مشاجره
discutere (vi)	mošājere kardan	مشاجره کردن
interlocutore (m)	ham soxan	هم سخن
tema (m)	mowzu'	موضوع
punto (m) di vista	noqte nazar	نقطه نظر

opinione (f)	nazar	نظر
discorso (m)	soxanrāni	سخنرانی
discussione (f)	mozākere	مذاکره
discutere (~ una proposta)	bahs kardan	بحث کردن
conversazione (f)	goftogu	گفتگو
conversare (vi)	goftogu kardan	گفتگو کردن
incontro (m)	didār	دیدار
incontrarsi (vr)	molāqāt kardan	ملاقات کردن
proverbio (m)	zarb-ol-masal	ضرب المثل
detto (m)	zarb-ol-masal	ضرب المثل
indovinello (m)	mo'ammā	معما
fare un indovinello	mo'ammā matrah kardan	معما مطرح کردن
parola (f) d'ordine	ramz	رمز
segreto (m)	rāz	راز
giuramento (m)	sowgand	سوگند
giurare (prestare giuramento)	sowgand xordan	سوگند خوردن
promessa (f)	va'de	وعده
promettere (vt)	qowl dādan	قول دادن
consiglio (m)	nasihat	نصیحت
consigliare (vt)	nasihat kardan	نصیحت کردن
seguire il consiglio	nasihat-e kasi rā donbāl kardan	نصیحت کسی را دنبال کردن
ubbidire (ai genitori)	guš kardan	گوش کردن
notizia (f)	xabar	خبر
sensazione (f)	hayajān	هیجان
informazioni (f pl)	ettelā'āt	اطلاعات
conclusione (f)	natije	نتیجه
voce (f)	sedā	صدا
complimento (m)	ta'rif	تعریف
gentile (agg)	bā mohabbat	با محبت
parola (f)	kalame	کلمه
frase (f)	ebārat	عبارت
risposta (f)	javāb	جواب
verità (f)	haqiqat	حقیقت
menzogna (f)	doruq	دروغ
pensiero (m)	fekr	فکر
idea (f)	fekr	فکر
fantasia (f)	fāntezi	فانتزی

63. Discussione. Conversazione. Parte 2

rispettato (agg)	mohtaram	محترم
rispettare (vt)	ehterām gozāštan	احترام گذاشتن
rispetto (m)	ehterām	احترام
Egregio ...	gerāmi	گرامی
presentare (~ qn)	mo'arrefi kardan	معرفی کردن

fare la conoscenza di ...	āšnā šodan	آشنا شدن
intenzione (f)	qasd	قصد
avere intenzione	qasd dāštan	قصد داشتن
augurio (m)	ārezu	آرزو
augurare (vt)	ārezu kardan	آرزو کردن
sorpresa (f)	ta'ajjob	تعجب
sorprendere (stupire)	mote'ajjeb kardan	متعجب کردن
stupirsi (vr)	mote'ajjeb šodan	متعجب شدن
dare (vt)	dādan	دادن
prendere (vt)	bardāštan	برداشتن
rendere (vt)	bargardāndan	برگرداندن
restituire (vt)	pas dādan	پس دادن
scusarsi (vr)	ozr xāstan	عذر خواستن
scusa (f)	ozr xāhi	عذر خواهی
perdonare (vt)	baxšidan	بخشیدن
parlare (vi, vt)	harf zadan	حرف زدن
ascoltare (vi)	guš dādan	گوش دادن
ascoltare fino in fondo	xub guš dādan	خوب گوش دادن
capire (vt)	fahmidan	فهمیدن
mostrare (vt)	nešān dādan	نشان دادن
guardare (vt)	negāh kardan	نگاه کردن
chiamare (rivolgersi a)	sedā kardan	صدا کردن
dare fastidio	mozāhem šodan	مزاحم شدن
disturbare (vt)	mozāhem šodan	مزاحم شدن
consegnare (vt)	dādan	دادن
richiesta (f)	xāheš	خواهش
chiedere (vt)	xāheš kardan	خواهش کردن
esigenza (f)	taqāzā	تقاضا
esigere (vt)	darxāst kardan	درخواست کردن
stuzzicare (vt)	dast endāxtan	دست انداختن
canzonare (vt)	masxare kardan	مسخره کردن
burla (f), beffa (f)	masxare	مسخره
soprannome (m)	laqab	لقب
allusione (f)	kenāye	کنایه
alludere (vi)	kenāye zadan	کنایه زدن
intendere (cosa intendi dire?)	ma'ni dāštan	معنی داشتن
descrizione (f)	towsif	توصیف
descrivere (vt)	towsif kardan	توصیف کردن
lode (f)	tahsin	تحسین
lodare (vt)	tahsin kardan	تحسین کردن
delusione (f)	nāomidi	ناامیدی
deludere (vt)	nāomid kardan	ناامید کردن
rimanere deluso	nāomid šodan	ناامید شدن
supposizione (f)	farz	فرض
supporre (vt)	farz kardan	فرض کردن

avvertimento (m)	extār	اخطار
avvertire (vt)	extār dādan	اخطار دادن

64. Discussione. Conversazione. Parte 3

persuadere (vt)	rāzi kardan	راضی کردن
tranquillizzare (vt)	ārām kardan	آرام کردن
silenzio (m) (il ~ è d'oro)	sokut	سکوت
tacere (vi)	sāket māndan	ساکت ماندن
sussurrare (vt)	najvā kardan	نجوا کردن
sussurro (m)	najvā	نجوا
francamente	sādeqāne	صادقانه
secondo me ...	be nazar-e man	به نظرمن
dettaglio (m)	joz'iyāt	جزئیات
dettagliato (agg)	mofassal	مفصل
dettagliatamente	be tafsil	به تفصیل
suggerimento (m)	sarnax	سرنخ
suggerire (vt)	sarnax dādan	سرنخ دادن
sguardo (m)	nazar	نظر
gettare uno sguardo	nazar andāxtan	نظر انداختن
fisso (agg)	bi harekat	بی حرکت
battere le palpebre	pelk zadan	پلک زدن
ammiccare (vi)	češmak zadan	چشمک زدن
accennare col capo	sar-e tekān dādan	سر تکان دادن
sospiro (m)	āh	آه
sospirare (vi)	āh kešidan	آه کشیدن
sussultare (vi)	larzidan	لرزیدن
gesto (m)	žest	ژست
toccare (~ il braccio)	lams kardan	لمس کردن
afferrare (~ per il braccio)	gereftan	گرفتن
picchiettare (~ la spalla)	zadan	زدن
Attenzione!	movāzeb bāš!	مواظب باش!
Davvero?	vāqe'an?	واقعاً؟
Sei sicuro?	motmaenn-i?	مطمئنی؟
Buona fortuna!	movaffaq bāšid!	موفق باشید!
Capito!	albate!	البته!
Peccato!	heyf!	حیف!

65. Accordo. Rifiuto

accordo (m)	movāfeqat	موافقت
essere d'accordo	movāfeqat kardan	موافقت کردن
approvazione (f)	ta'id	تایید
approvare (vt)	ta'id kardan	تایید کردن
rifiuto (m)	emtenā'	امتناع

rifiutarsi (vr)	rad kardan	رد کردن
Perfetto!	āli	عالی
Va bene!	xub	خوب
D'accordo!	besyār xob!	بسیارخوب!
vietato, proibito (agg)	mamnu'	ممنوع
è proibito	mamnu' ast	ممنوع است
è impossibile	qeyr-e momken ast	غیر ممکن است
sbagliato (agg)	nādorost	نادرست
respingere (~ una richiesta)	rad kardan	رد کردن
sostenere (~ un'idea)	poštibāni kardan	پشتیبانی کردن
accettare (vt)	qabul kardan	قبول کردن
confermare (vt)	ta'yid kardan	تأیید کردن
conferma (f)	ta'yid	تأیید
permesso (m)	ejāze	اجازه
permettere (vt)	ejāze dādan	اجازه دادن
decisione (f)	tasmim	تصمیم
non dire niente	sokut kardan	سکوت کردن
condizione (f)	šart	شرط
pretesto (m)	bahāne	بهانه
lode (f)	tahsin	تحسین
lodare (vt)	tahsin kardan	تحسین کردن

66. Successo. Fortuna. Fiasco

successo (m)	movaffaqiyat	موفقیت
con successo	bā movaffaqiyat	با موفقیت
ben riuscito (agg)	movaffaqiyat āmiz	موفقیت آمیز
fortuna (f)	šāns	شانس
Buona fortuna!	movaffaq bāšid!	موفق باشید!
fortunato (giorno ~)	šāns	شانس
fortunato (persona ~a)	xoš šāns	خوش شانس
fiasco (m)	nākāmi	ناکامی
disdetta (f)	bad šāns-i	بد شانسی
sfortuna (f)	bad šāns-i	بد شانسی
fallito (agg)	nā movaffaq	نا موفق
disastro (m)	fāje'e	فاجعه
orgoglio (m)	eftexār	افتخار
orgoglioso (agg)	maqrur	مغرور
essere fiero di ...	eftexār kardan	افتخارکردن
vincitore (m)	barande	برنده
vincere (vi)	piruz šodan	پیروز شدن
perdere (subire una sconfitta)	bāxtan	باختن
tentativo (m)	talāš	تلاش
tentare (vi)	talāš kardan	تلاش کردن
chance (f)	šāns	شانس

67. Dispute. Sentimenti negativi

grido (m)	faryād	فریاد
gridare (vi)	faryād zadan	فریاد زدن
mettersi a gridare	faryād zadan	فریاد زدن
litigio (m)	da'vā	دعوا
litigare (vi)	da'vā kardan	دعوا کردن
lite (f)	mošājere	مشاجره
dare scandalo (litigare)	janjāl kardan	جنجال کردن
conflitto (m)	dargiri	درگیری
fraintendimento (m)	su'-e tafāhom	سوء تفاهم
insulto (m)	towhin	توهین
insultare (vt)	towhin kardan	توهین کردن
offeso (agg)	towhin šode	توهین شده
offesa (f)	ranješ	رنجش
offendere (qn)	ranjāndan	رنجاندن
offendersi (vr)	ranjidan	رنجیدن
indignazione (f)	xašm	خشم
indignarsi (vr)	xašmgin šodan	خشمگین شدن
lamentela (f)	šekāyat	شکایت
lamentarsi (vr)	šekāyat kardan	شکایت کردن
scusa (f)	ozr xāhi	عذر خواهی
scusarsi (vr)	ozr xāstan	عذر خواستن
chiedere scusa	ozr xāstan	عذر خواستن
critica (f)	enteqād	انتقاد
criticare (vt)	enteqād kardan	انتقاد کردن
accusa (f)	ettehām	اتهام
accusare (vt)	mottaham kardan	متهم کردن
vendetta (f)	enteqām	انتقام
vendicare (vt)	enteqām gereftan	انتقام گرفتن
vendicarsi (vr)	talāfi darāvardan	تلافی درآوردن
disprezzo (m)	tahqir	تحقیر
disprezzare (vt)	tahqir kardan	تحقیر کردن
odio (m)	nefrat	نفرت
odiare (vt)	motenaffer budan	متنفر بودن
nervoso (agg)	asabi	عصبی
essere nervoso	asabi šodan	عصبی شدن
arrabbiato (agg)	xašmgin	خشمگین
fare arrabbiare	xašmgin kardan	خشمگین کردن
umiliazione (f)	tahqir	تحقیر
umiliare (vt)	tahqir kardan	تحقیر کردن
umiliarsi (vr)	tahqir šodan	تحقیر شدن
shock (m)	šok	شوک
scandalizzare (vt)	šokke kardan	شوکه کردن
problema (m) (avere ~i)	moškel	مشکل

spiacevole (agg)	nāxošāyand	ناخوشایند
spavento (m), paura (f)	tars	ترس
terribile (una tempesta ~)	eftezāh	افتضاح
spaventoso (un racconto ~)	vahšatnāk	وحشتناک
orrore (m)	vahšat	وحشت
orrendo (un crimine ~)	vahšat āvar	وحشت آور
cominciare a tremare	larzidan	لرزیدن
piangere (vi)	gerye kardan	گریه کردن
mettersi a piangere	gerye sar dādan	گریه سر دادن
lacrima (f)	ašk	اشک
colpa (f)	taqsir	تقصیر
senso (m) di colpa	gonāh	گناه
vergogna (f)	ār	عار
protesta (f)	e'terāz	اعتراض
stress (m)	fešār	فشار
disturbare (vt)	mozāhem šodan	مزاحم شدن
essere arrabbiato	xašmgin budan	خشمگین بودن
arrabbiato (agg)	xašmgin	خشمگین
porre fine a ... (~ una relazione)	qat' kardan	قطع کردن
rimproverare (vt)	fohš dādan	فحش دادن
spaventarsi (vr)	tarsidan	ترسیدن
colpire (vt)	zadan	زدن
picchiarsi (vr)	zad-o-xord kardan	زد و خورد کردن
regolare (~ un conflitto)	hal-o-fasl kardan	حل و فصل کردن
scontento (agg)	nārāzi	ناراضی
furioso (agg)	qazabnāk	غضبناک
Non sta bene!	xub nist!	خوب نیست!
Fa male!	bad ast!	بد است!

Medicinali

68. Malattie

malattia (f)	bimāri	بیماری
essere malato	bimār budan	بیمار بودن
salute (f)	salāmati	سلامتی
raffreddore (m)	āb-e rizeš-e bini	آب ریزش بینی
tonsillite (f)	varam-e lowze	ورم لوزه
raffreddore (m)	sarmā xordegi	سرما خوردگی
raffreddarsi (vr)	sarmā xordan	سرما خوردن
bronchite (f)	boronšit	برنشیت
polmonite (f)	zātorrie	ذات الریه
influenza (f)	ānfolānzā	آنفولانزا
miope (agg)	nazdik bin	نزدیک بین
presbite (agg)	durbin	دوربین
strabismo (m)	enherāf-e čašm	انحراف چشم
strabico (agg)	luč	لوچ
cateratta (f)	āb morvārid	آب مروارید
glaucoma (m)	ab-e siyāh	آب سیاه
ictus (m) cerebrale	sekte-ye maqzi	سکته مغزی
attacco (m) di cuore	sekte-ye qalbi	سکته قلبی
infarto (m) miocardico	ānfārktus	آنفارکتوس
paralisi (f)	falaji	فلجی
paralizzare (vt)	falj kardan	فلج کردن
allergia (f)	ālerži	آلرژی
asma (f)	āsm	آسم
diabete (m)	diyābet	دیابت
mal (m) di denti	dandān-e dard	دندان درد
carie (f)	pusidegi	پوسیدگی
diarrea (f)	eshāl	اسهال
stitichezza (f)	yobusat	یبوست
disturbo (m) gastrico	nārāhati-ye me'de	ناراحتی معده
intossicazione (f) alimentare	masmumiyat	مسمومیت
intossicarsi (vr)	masmum šodan	مسموم شدن
artrite (f)	varam-e mafāsel	ورم مفاصل
rachitide (f)	rāšitism	راشیتیسم
reumatismo (m)	romātism	روماتیسم
aterosclerosi (f)	tasallob-e šarāin	تصلب شرائین
gastrite (f)	varam-e me'de	ورم معده
appendicite (f)	āpāndisit	آپاندیسیت

colecistite (f)	eltehāb-e kise-ye safrā	التهاب کیسه صفرا
ulcera (f)	zaxm	زخم
morbillo (m)	sorxak	سرخک
rosolia (f)	sorxje	سرخجه
itterizia (f)	yaraqān	یرقان
epatite (f)	hepātit	هپاتیت
schizofrenia (f)	šizoferni	شیزوفرنی
rabbia (f)	hāri	هاری
nevrosi (f)	extelāl-e a'sāb	اختلال اعصاب
commozione (f) cerebrale	zarbe-ye maqzi	ضربه مغزی
cancro (m)	saratān	سرطان
sclerosi (f)	eskeleroz	اسکلروز
sclerosi (f) multipla	eskeleroz čandgāne	اسکلروز چندگانه
alcolismo (m)	alkolism	الکلیسم
alcolizzato (m)	alkoli	الکلی
sifilide (f)	siflis	سیفلیس
AIDS (m)	eydz	ایدز
tumore (m)	tumor	تومور
maligno (agg)	bad xim	بد خیم
benigno (agg)	xoš xim	خوش خیم
febbre (f)	tab	تب
malaria (f)	mālāriyā	مالاریا
cancrena (f)	qānqāriyā	قانقاریا
mal (m) di mare	daryā-zadegi	دریازدگی
epilessia (f)	sar'	صرع
epidemia (f)	epidemi	اپیدمی
tifo (m)	hasbe	حصبه
tubercolosi (f)	sel	سل
colera (m)	vabā	وبا
peste (f)	tā'un	طاعون

69. Sintomi. Cure. Parte 1

sintomo (m)	alāem-e bimāri	علائم بیماری
temperatura (f)	damā	دما
febbre (f) alta	tab	تب
polso (m)	nabz	نبض
capogiro (m)	sargije	سرگیجه
caldo (agg)	dāq	داغ
brivido (m)	ra'še	رعشه
pallido (un viso ~)	rang paride	رنگ پریده
tosse (f)	sorfe	سرفه
tossire (vi)	sorfe kardan	سرفه کردن
starnutire (vi)	atse kardan	عطسه کردن
svenimento (m)	qaš	غش

svenire (vi)	qaš kardan	غش کردن
livido (m)	kabudi	کبودی
bernoccolo (m)	barāmadegi	برآمدگی
farsi un livido	barxord kardan	برخورد کردن
contusione (f)	kuftegi	کوفتگی
farsi male	zarb didan	ضرب دیدن
zoppicare (vi)	langidan	لنگیدن
slogatura (f)	dar raftegi	دررفتگی
slogarsi (vr)	dar raftan	دررفتن
frattura (f)	šekastegi	شکستگی
fratturarsi (vr)	dočār-e šekastegi šodan	دچار شکستگی شدن
taglio (m)	boridegi	بریدگی
tagliarsi (vr)	boridan	بریدن
emorragia (f)	xunrizi	خونریزی
scottatura (f)	suxtegi	سوختگی
scottarsi (vr)	dočār-e suxtegi šodan	دچار سوختگی شدن
pungere (vt)	surāx kardan	سوراخ کردن
pungersi (vr)	surāx kardan	سوراخ کردن
ferire (vt)	āsib resāndan	آسیب رساندن
ferita (f)	zaxm	زخم
lesione (f)	zaxm	زخم
trauma (m)	zarbe	ضربه
delirare (vi)	hazyān goftan	هذیان گفتن
tartagliare (vi)	loknat dāštan	لکنت داشتن
colpo (m) di sole	āftāb-zadegi	آفتابزدگی

70. Sintomi. Cure. Parte 2

dolore (m), male (m)	dard	درد
scheggia (f)	xār	خار
sudore (m)	araq	عرق
sudare (vi)	araq kardan	عرق کردن
vomito (m)	estefrāq	استفراغ
convulsioni (f pl)	tašannoj	تشنج
incinta (agg)	bārdār	باردار
nascere (vi)	motevalled šodan	متولد شدن
parto (m)	vaz'-e haml	وضع حمل
essere in travaglio di parto	be donyā āvardan	به دنیا آوردن
aborto (m)	seqt-e janin	سقط جنین
respirazione (f)	tanaffos	تنفس
inspirazione (f)	estenšāq	استنشاق
espirazione (f)	bāzdam	بازدم
espirare (vi)	bāzdamidan	بازدمیدن
inspirare (vi)	nafas kešidan	نفس کشیدن
invalido (m)	ma'lul	معلول
storpio (m)	falaj	فلج

drogato (m)	mo'tād	معتاد
sordo (agg)	kar	کر
muto (agg)	lāl	لال
sordomuto (agg)	kar-o lāl	کر و لال
matto (agg)	divāne	دیوانه
matto (m)	divāne	دیوانه
matta (f)	divāne	دیوانه
impazzire (vi)	divāne šodan	دیوانه شدن
gene (m)	žen	ژن
immunità (f)	masuniyat	مصونیت
ereditario (agg)	mowrusi	موروثی
innato (agg)	mādarzād	مادرزاد
virus (m)	virus	ویروس
microbo (m)	mikrob	میکروب
batterio (m)	bākteri	باکتری
infezione (f)	ofunat	عفونت

71. Sintomi. Cure. Parte 3

ospedale (m)	bimārestān	بیمارستان
paziente (m)	bimār	بیمار
diagnosi (f)	tašxis	تشخیص
cura (f)	mo'āleje	معالجه
trattamento (m)	darmān	درمان
curarsi (vr)	darmān šodan	درمان شدن
curare (vt)	mo'āleje kardan	معالجه کردن
accudire (un malato)	parastāri kardan	پرستاری کردن
assistenza (f)	parastāri	پرستاری
operazione (f)	amal-e jarrāhi	عمل جراحی
bendare (vt)	pānsemān kardan	پانسمان کردن
fasciatura (f)	pānsemān	پانسمان
vaccinazione (f)	vāksināsyon	واکسیناسیون
vaccinare (vt)	vāksine kardan	واکسینه کردن
iniezione (f)	tazriq	تزریق
fare una puntura	tazriq kardan	تزریق کردن
attacco (m) (~ epilettico)	hamle	حمله
amputazione (f)	qat'-e ozv	قطع عضو
amputare (vt)	qat' kardan	قطع کردن
coma (m)	komā	کما
essere in coma	dar komā budan	در کما بودن
rianimazione (f)	morāqebat-e viže	مراقبت ویژه
guarire (vi)	behbud yāftan	بهبود یافتن
stato (f) (del paziente)	hālat	حالت
conoscenza (f)	huš	هوش
memoria (f)	hāfeze	حافظه
estrarre (~ un dente)	dandān kešidan	دندان کشیدن

otturazione (f)	por kardan	پر کردن
otturare (vt)	por kardan	پر کردن
ipnosi (f)	hipnotizm	هیپنوتیزم
ipnotizzare (vt)	hipnotizm kardan	هیپنوتیزم کردن

72. Medici

medico (m)	pezešk	پزشک
infermiera (f)	parastār	پرستار
medico (m) personale	pezešk-e šaxsi	پزشک شخصی
dentista (m)	dandān pezešk	دندان پزشک
oculista (m)	češm-pezešk	چشم پزشک
internista (m)	pezešk omumi	پزشک عمومی
chirurgo (m)	jarrāh	جراح
psichiatra (m)	ravānpezešk	روانپزشک
pediatra (m)	pezešk-e kudakān	پزشک کودکان
psicologo (m)	ravānšenās	روانشناس
ginecologo (m)	motexasses-e zanān	متخصص زنان
cardiologo (m)	motexasses-e qalb	متخصص قلب

73. Medicinali. Farmaci. Accessori

medicina (f)	dāru	دارو
rimedio (m)	darmān	درمان
prescrivere (vt)	tajviz kardan	تجویز کردن
prescrizione (f)	nosxe	نسخه
compressa (f)	qors	قرص
unguento (m)	pomād	پماد
fiala (f)	āmpul	آمپول
pozione (f)	šarbat	شربت
sciroppo (m)	šarbat	شربت
pillola (f)	kapsul	کپسول
polverina (f)	pudr	پودر
benda (f)	bānd	باند
ovatta (f)	panbe	پنبه
iodio (m)	yod	ید
cerotto (m)	časb-e zaxm	چسب زخم
contagocce (m)	qatre čekān	قطره چکان
termometro (m)	damāsanj	دماسنج
siringa (f)	sorang	سرنگ
sedia (f) a rotelle	vilčer	ویلچر
stampelle (f pl)	čub zir baqal	چوب زیر بغل
analgesico (m)	mosaken	مسکن
lassativo (m)	moshel	مسهل

alcol (m)	alkol	الکل
erba (f) officinale	giyāhān-e dāruyi	گیاهان دارویی
d'erbe (infuso ~)	giyāhi	گیاهی

74. Fumo. Prodotti di tabaccheria

tabacco (m)	tutun	توتون
sigaretta (f)	sigār	سیگار
sigaro (m)	sigār	سیگار
pipa (f)	pip	پیپ
pacchetto (m) (di sigarette)	baste	بسته
fiammiferi (m pl)	kebrit	کبریت
scatola (f) di fiammiferi	quti-ye kebrit	قوطی کبریت
accendino (m)	fandak	فندک
portacenere (m)	zir-sigāri	زیرسیگاری
portasigarette (m)	quti-ye sigār	قوطی سیگار
bocchino (m)	čub-e sigār	چوب سیگار
filtro (m)	filter	فیلتر
fumare (vi, vt)	sigār kešidan	سیگار کشیدن
accendere una sigaretta	sigār rowšan kardan	سیگار روشن کردن
fumo (m)	sigār kešidan	سیگار کشیدن
fumatore (m)	sigāri	سیگاری
cicca (f), mozzicone (m)	tah-e sigār	ته سیگار
fumo (m)	dud	دود
cenere (f)	xākestar	خاکستر

HABITAT UMANO

Città

75. Città. Vita di città

città (f)	šahr	شهر
capitale (f)	pāytaxt	پایتخت
villaggio (m)	rustā	روستا
mappa (f) della città	naqše-ye šahr	نقشهٔ شهر
centro (m) della città	markaz-e šahr	مرکز شهر
sobborgo (m)	hume-ye šahr	حومهٔ شهر
suburbano (agg)	hume-ye šahr	حومهٔ شهر
periferia (f)	hume	حومه
dintorni (m pl)	hume	حومه
isolato (m)	mahalle	محله
quartiere residenziale	mahalle-ye maskuni	محلهٔ مسکونی
traffico (m)	obur-o morur	عبور و مرور
semaforo (m)	čerāq-e rāhnamā	چراغ راهنما
trasporti (m pl) urbani	haml-o naql-e šahri	حمل و نقل شهری
incrocio (m)	čahārrāh	چهارراه
passaggio (m) pedonale	xatt-e āber-e piyāde	خط عابرپیاده
sottopassaggio (m)	zir-e gozar	زیر گذر
attraversare (vt)	obur kardan	عبور کردن
pedone (m)	piyāde	پیاده
marciapiede (m)	piyāde row	پیاده رو
ponte (m)	pol	پل
banchina (f)	xiyābān-e sāheli	خیابان ساحلی
fontana (f)	češme	چشمه
vialetto (m)	bāq rāh	باغ راه
parco (m)	pārk	پارک
boulevard (m)	bolvār	بولوار
piazza (f)	meydān	میدان
viale (m), corso (m)	xiyābān	خیابان
via (f), strada (f)	xiyābān	خیابان
vicolo (m)	kuče	کوچه
vicolo (m) cieco	bon bast	بن بست
casa (f)	xāne	خانه
edificio (m)	sāxtemān	ساختمان
grattacielo (m)	āsemānxarāš	آسمانخراش
facciata (f)	namā	نما
tetto (m)	bām	بام

finestra (f)	panjere	پنجره
arco (m)	tāq-e qowsi	طاق قوسی
colonna (f)	sotun	ستون
angolo (m)	nabš	نبش
vetrina (f)	vitrin	ویترین
insegna (f) (di negozi, ecc.)	tāblo	تابلو
cartellone (m)	poster	پوستر
cartellone (m) pubblicitario	poster-e tabliqāti	پوستر تبلیغاتی
tabellone (m) pubblicitario	bilbord	بیلبورد
pattume (m), spazzatura (f)	āšqāl	آشغال
pattumiera (f)	satl-e āšqāl	سطل آشغال
sporcare (vi)	kasif kardan	کثیف کردن
discarica (f) di rifiuti	jā-ye dafn-e āšqāl	جای دفن آشغال
cabina (f) telefonica	kābin-e telefon	کابین تلفن
lampione (m)	tir-e barq	تیر برق
panchina (f)	nimkat	نیمکت
poliziotto (m)	polis	پلیس
polizia (f)	polis	پلیس
mendicante (m)	gedā	گدا
barbone (m)	bi xānomān	بی خانمان

76. Servizi cittadini

negozio (m)	maqāze	مغازه
farmacia (f)	dāruxāne	داروخانه
ottica (f)	eynak foruši	عینک فروشی
centro (m) commerciale	markaz-e tejāri	مرکز تجاری
supermercato (m)	supermārket	سوپرمارکت
panetteria (f)	nānvāyi	نانوایی
fornaio (m)	nānvā	نانوا
pasticceria (f)	qannādi	قنادی
drogheria (f)	baqqāli	بقالی
macelleria (f)	gušt foruši	گوشت فروشی
fruttivendolo (m)	sabzi foruši	سبزی فروشی
mercato (m)	bāzār	بازار
caffè (m)	kāfe	کافه
ristorante (m)	resturān	رستوران
birreria (f), pub (m)	bār	بار
pizzeria (f)	pitzā-foruši	پیتزا فروشی
salone (m) di parrucchiere	ārāyešgāh	آرایشگاه
ufficio (m) postale	post	پست
lavanderia (f) a secco	xošk-šuyi	خشکشویی
studio (m) fotografico	ātolye-ye akkāsi	آتلیهٔ عکاسی
negozio (m) di scarpe	kafš foruši	کفش فروشی
libreria (f)	ketāb-foruši	کتاب فروشی

negozio (m) sportivo	maqāze-ye varzeši	مغازهٔ ورزشی
riparazione (f) di abiti	ta'mir-e lebās	تعمیر لباس
noleggio (m) di abiti	kerāye-ye lebās	کرایهٔ لباس
noleggio (m) di film	kerāye-ye film	کرایهٔ فیلم
circo (m)	sirak	سیرک
zoo (m)	bāq-e vahš	باغ وحش
cinema (m)	sinamā	سینما
museo (m)	muze	موزه
biblioteca (f)	ketābxāne	کتابخانه
teatro (m)	teātr	تئاتر
teatro (m) dell'opera	operā	اپرا
locale notturno (m)	kābāre	کاباره
casinò (m)	kāzino	کازینو
moschea (f)	masjed	مسجد
sinagoga (f)	kenešt	کنشت
cattedrale (f)	kelisā-ye jāme'	کلیسای جامع
tempio (m)	ma'bad	معبد
chiesa (f)	kelisā	کلیسا
istituto (m)	anistito	انستیتو
università (f)	dānešgāh	دانشگاه
scuola (f)	madrese	مدرسه
prefettura (f)	ostāndāri	استانداری
municipio (m)	šahrdāri	شهرداری
albergo, hotel (m)	hotel	هتل
banca (f)	bānk	بانک
ambasciata (f)	sefārat	سفارت
agenzia (f) di viaggi	āžāns-e jahāngardi	آژانس جهانگردی
ufficio (m) informazioni	daftar-e ettelāāt	دفتر اطلاعات
ufficio (m) dei cambi	sarrāfi	صرافی
metropolitana (f)	metro	مترو
ospedale (m)	bimārestān	بیمارستان
distributore (m) di benzina	pomp-e benzin	پمپ بنزین
parcheggio (m)	pārking	پارکینگ

77. Mezzi pubblici in città

autobus (m)	otobus	اتوبوس
tram (m)	terāmvā	تراموا
filobus (m)	otobus-e barqi	اتوبوس برقی
itinerario (m)	xat	خط
numero (m)	šomāre	شماره
andare in ...	raftan bā	رفتن با
salire (~ sull'autobus)	savār šodan	سوار شدن
scendere da ...	piyāde šodan	پیاده شدن
fermata (f) (~ dell'autobus)	istgāh-e otobus	ایستگاه اتوبوس

prossima fermata (f)	istgāh-e ba'di	ایستگاه بعدی
capolinea (m)	istgāh-e āxar	ایستگاه آخر
orario (m)	barnāme	برنامه
aspettare (vt)	montazer budan	منتظر بودن
biglietto (m)	belit	بلیط
prezzo (m) del biglietto	qeymat-e belit	قیمت بلیت
cassiere (m)	sanduqdār	صندوقدار
controllo (m) dei biglietti	kontorol-e belit	کنترل بلیط
bigliettaio (m)	kontorol či	کنترل چی
essere in ritardo	ta'xir dāštan	تأخیرداشتن
perdere (~ il treno)	az dast dādan	از دست دادن
avere fretta	ajale kardan	عجله کردن
taxi (m)	tāksi	تاکسی
taxista (m)	rānande-ye tāksi	راننده تاکسی
in taxi	bā tāksi	با تاکسی
parcheggio (m) di taxi	istgāh-e tāksi	ایستگاه تاکسی
chiamare un taxi	tāksi gereftan	تاکسی گرفتن
prendere un taxi	tāksi gereftan	تاکسی گرفتن
traffico (m)	obur-o morur	عبور و مرور
ingorgo (m)	terāfik	ترافیک
ore (f pl) di punta	sā'at-e šoluqi	ساعت شلوغی
parcheggiarsi (vr)	pārk kardan	پارک کردن
parcheggiare (vt)	pārk kardan	پارک کردن
parcheggio (m)	pārking	پارکینگ
metropolitana (f)	metro	مترو
stazione (f)	istgāh	ایستگاه
prendere la metropolitana	bā metro raftan	با مترو رفتن
treno (m)	qatār	قطار
stazione (f) ferroviaria	istgāh-e rāh-e āhan	ایستگاه راه آهن

78. Visita turistica

monumento (m)	mojassame	مجسمه
fortezza (f)	qal'e	قلعه
palazzo (m)	kāx	کاخ
castello (m)	qal'e	قلعه
torre (f)	borj	برج
mausoleo (m)	ārāmgāh	آرامگاه
architettura (f)	me'māri	معماری
medievale (agg)	qorun-e vasati	قرون وسطی
antico (agg)	qadimi	قدیمی
nazionale (agg)	melli	ملی
famoso (agg)	mašhur	مشهور
turista (m)	turist	توریست
guida (f)	rāhnamā-ye tur	راهنمای تور
escursione (f)	gardeš	گردش

fare vedere	nešān dādan	نشان دادن
raccontare (vt)	hekāyat kardan	حکایت کردن
trovare (vt)	peydā kardan	پیدا کردن
perdersi (vr)	gom šodan	گم شدن
mappa (f) (~ della metropolitana)	naqše	نقشه
piantina (f) (~ della città)	naqše	نقشه
souvenir (m)	sowqāti	سوغاتی
negozio (m) di articoli da regalo	forušgāh-e sowqāti	فروشگاه سوغاتی
fare foto	aks gereftan	عکس گرفتن
fotografarsi	aks gereftan	عکس گرفتن

79. Acquisti

comprare (vt)	xarid kardan	خرید کردن
acquisto (m)	xarid	خرید
fare acquisti	xarid kardan	خرید کردن
shopping (m)	xarid	خرید
essere aperto (negozio)	bāz budan	باز بودن
essere chiuso	baste budan	بسته بودن
calzature (f pl)	kafš	کفش
abbigliamento (m)	lebās	لباس
cosmetica (f)	lavāzem-e ārāyeši	لوازم آرایشی
alimentari (m pl)	mavādd-e qazāyi	مواد غذایی
regalo (m)	hedye	هدیه
commesso (m)	forušande	فروشنده
commessa (f)	forušande-ye zan	فروشنده زن
cassa (f)	sanduq	صندوق
specchio (m)	āyene	آینه
banco (m)	pišxān	پیشخوان
camerino (m)	otāq porov	اتاق پرو
provare (~ un vestito)	emtehān kardan	امتحان کردن
stare bene (vestito)	monāseb budan	مناسب بودن
piacere (vi)	dust dāštan	دوست داشتن
prezzo (m)	qeymat	قیمت
etichetta (f) del prezzo	barčasb-e qeymat	برچسب قیمت
costare (vt)	qeymat dāštan	قیمت داشتن
Quanto?	čeqadr?	چقدر؟
sconto (m)	taxfif	تخفیف
no muy caro (agg)	arzān	ارزان
a buon mercato	arzān	ارزان
caro (agg)	gerān	گران
È caro	gerān ast	گران است
noleggio (m)	kerāye	کرایه

noleggiare (~ un abito)	kerāye kardan	کرایه کردن
credito (m)	vām	وام
a credito	xarid-e e'tebāri	خرید اعتباری

80. Denaro

soldi (m pl)	pul	پول
cambio (m)	tabdil-e arz	تبدیل ارز
corso (m) di cambio	nerx-e arz	نرخ ارز
bancomat (m)	xodpardāz	خودپرداز
moneta (f)	sekke	سکه
dollaro (m)	dolār	دلار
euro (m)	yuro	یورو
lira (f)	lire	لیره
marco (m)	mārk	مارک
franco (m)	farānak	فرانک
sterlina (f)	pond-e esterling	پوند استرلینگ
yen (m)	yen	ین
debito (m)	qarz	قرض
debitore (m)	bedehkār	بدهکار
prestare (~ i soldi)	qarz dādan	قرض دادن
prendere in prestito	qarz gereftan	قرض گرفتن
banca (f)	bānk	بانک
conto (m)	hesāb-e bānki	حساب بانکی
versare (vt)	rixtan	ریختن
versare sul conto	be hesāb rixtan	به حساب ریختن
prelevare dal conto	az hesāb bardāštan	از حساب برداشتن
carta (f) di credito	kārt-e e'tebāri	کارت اعتباری
contanti (m pl)	pul-e naqd	پول نقد
assegno (m)	ček	چک
emettere un assegno	ček neveštan	چک نوشتن
libretto (m) di assegni	daste-ye ček	دسته چک
portafoglio (m)	kif-e pul	کیف پول
borsellino (m)	kif-e pul	کیف پول
cassaforte (f)	gāvsanduq	گاوصندوق
erede (m)	vāres	وارث
eredità (f)	mirās	میراث
fortuna (f)	dārāyi	دارایی
affitto (m), locazione (f)	ejāre	اجاره
canone (m) d'affitto	kerāye-ye xāne	کرایهٔ خانه
affittare (dare in affitto)	ejāre kardan	اجاره کردن
prezzo (m)	qeymat	قیمت
costo (m)	arzeš	ارزش
somma (f)	jam'-e kol	جمع کل
spendere (vt)	xarj kardan	خرج کردن

spese (f pl)	maxārej	مخارج
economizzare (vi, vt)	sarfeju-yi kardan	صرفه جویی کردن
economico (agg)	maqrun besarfe	مقرون به صرفه
pagare (vi, vt)	pardāxtan	پرداختن
pagamento (m)	pardāxt	پرداخت
resto (m) (dare il ~)	pul-e xerad	پول خرد
imposta (f)	māliyāt	مالیات
multa (f), ammenda (f)	jarime	جریمه
multare (vt)	jarime kardan	جریمه کردن

81. Posta. Servizio postale

ufficio (m) postale	post	پست
posta (f) (lettere, ecc.)	post	پست
postino (m)	nāme resān	نامه رسان
orario (m) di apertura	sā'athā-ye kāri	ساعت های کاری
lettera (f)	nāme	نامه
raccomandata (f)	nāme-ye sefāreši	نامه سفارشی
cartolina (f)	kārt-e postāl	کارت پستال
telegramma (m)	telegrām	تلگرام
pacco (m) postale	baste posti	بسته پستی
vaglia (m) postale	havāle	حواله
ricevere (vt)	gereftan	گرفتن
spedire (vt)	ferestādan	فرستادن
invio (m)	ersāl	ارسال
indirizzo (m)	nešāni	نشانی
codice (m) postale	kod-e posti	کد پستی
mittente (m)	ferestande	فرستنده
destinatario (m)	girande	گیرنده
nome (m)	esm	اسم
cognome (m)	nām-e xānevādegi	نام خانوادگی
tariffa (f)	ta'refe	تعرفه
ordinario (agg)	ādi	عادی
standard (agg)	ādi	عادی
peso (m)	vazn	وزن
pesare (vt)	vazn kardan	وزن کردن
busta (f)	pākat	پاکت
francobollo (m)	tambr	تمبر
affrancare (vt)	tamr zadan	تمبر زدن

Abitazione. Casa

82. Casa. Abitazione

casa (f)	xāne	خانه
a casa	dar xāne	در خانه
cortile (m)	hayāt	حیاط
recinto (m)	hesār	حصار
mattone (m)	ājor	آجر
di mattoni	ājori	آجری
pietra (f)	sang	سنگ
di pietra	sangi	سنگی
beton (m)	boton	بتن
di beton	botoni	بتنی
nuovo (agg)	jadid	جدید
vecchio (agg)	qadimi	قدیمی
fatiscente (edificio ~)	maxrube	مخروبه
moderno (agg)	modern	مدرن
a molti piani	čandtabaqe	چندطبقه
alto (agg)	boland	بلند
piano (m)	tabaqe	طبقه
di un piano	yek tabaqe	یک طبقه
pianoterra (m)	tabaqe-ye pāin	طبقهٔ پائین
ultimo piano (m)	tabaqe-ye bālā	طبقهٔ بالا
tetto (m)	bām	بام
ciminiera (f)	dudkeš	دودکش
tegola (f)	saqf-e kazeb	سقف کاذب
di tegole	sofāli	سفالی
soffitta (f)	zir-širvāni	زیرشیروانی
finestra (f)	panjere	پنجره
vetro (m)	šiše	شیشه
davanzale (m)	tāqče-ye panjare	طاقچهٔ پنجره
imposte (f pl)	kerkere	کرکره
muro (m)	divār	دیوار
balcone (m)	bālkon	بالکن
tubo (m) pluviale	nāvdān	ناودان
su, di sopra	bālā	بالا
andare di sopra	bālā raftan	بالا رفتن
scendere (vi)	pāyin āmadan	پایین آمدن
trasferirsi (vr)	asbābkeši kardan	اسباب کشی کردن

83. Casa. Ingresso. Ascensore

entrata (f)	darb-e vorudi	درب ورودی
scala (f)	pellekān	پلکان
gradini (m pl)	pelle-hā	پله ها
ringhiera (f)	narde	نرده
hall (f) (atrio d'ingresso)	lābi	لابی
cassetta (f) della posta	sanduq-e post	صندوق پست
secchio (m) della spazzatura	zobāle dān	زباله دان
scivolo (m) per la spazzatura	šuting zobale	شوتینگ زباله
ascensore (m)	āsānsor	آسانسور
montacarichi (m)	bālābar	بالابر
cabina (f) di ascensore	kābin-e āsānsor	کابین آسانسور
prendere l'ascensore	āsānsor gereftan	آسانسور گرفتن
appartamento (m)	āpārtemān	آپارتمان
inquilini (m pl)	sākenān	ساکنان
vicino (m)	hamsāye	همسایه
vicina (f)	hamsāye	همسایه
vicini (m pl)	hamsāye-hā	همسایه ها

84. Casa. Porte. Serrature

porta (f)	darb	درب
cancello (m)	darvāze	دروازه
maniglia (f)	dastgire-ye dar	دستگیرهٔ در
togliere il catenaccio	bāz kardan	باز کردن
aprire (vt)	bāz kardan	باز کردن
chiudere (vt)	bastan	بستن
chiave (f)	kelid	کلید
mazzo (m)	daste	دسته
cigolare (vi)	qežqež kardan	غژغژ کردن
cigolio (m)	qež qež	غژ غژ
cardine (m)	lowlā	لولا
zerbino (m)	pādari	پادری
serratura (f)	qofl	قفل
buco (m) della serratura	surāx kelid	سوراخ کلید
chiavistello (m)	kolun-e dar	کلون در
catenaccio (m)	čeft	چفت
lucchetto (m)	qofl	قفل
suonare (~ il campanello)	zang zadan	زنگ زدن
suono (m)	zang	زنگ
campanello (m)	zang-e dar	زنگ در
pulsante (m)	zang	زنگ
bussata (f)	dar zadan	درزدن
bussare (vi)	dar zadan	درزدن

codice (m)	kod	کد
serratura (f) a codice	qofl-e ramz dār	قفل رمز دار
citofono (m)	āyfon	آیفون
numero (m) (~ civico)	pelāk-e manzel	پلاک منزل
targhetta (f) di porta	pelāk	پلاک
spioncino (m)	češmi	چشمی

85. Casa di campagna

villaggio (m)	rustā	روستا
orto (m)	jāliz	جالیز
recinto (m)	parčin	پرچین
steccato (m)	hesār	حصار
cancelletto (m)	darvāze	دروازه
granaio (m)	anbār	انبار
cantina (f), scantinato (m)	zirzamin	زیرزمین
capanno (m)	ālonak	آلونک
pozzo (m)	čāh	چاه
stufa (f)	boxāri	بخاری
attizzare (vt)	rowšan kardan-e boxāri	روشن کردن بخاری
legna (f) da ardere	hizom	هیزم
ciocco (m)	kande-ye čub	کندهٔ چوب
veranda (f)	eyvān-e sarpušide	ایوان سرپوشیده
terrazza (f)	terās	تراس
scala (f) d'ingresso	vorudi-e xāne	ورودی خانه
altalena (f)	tāb	تاب

86. Castello. Reggia

castello (m)	qal'e	قلعه
palazzo (m)	kāx	کاخ
fortezza (f)	qal'e	قلعه
muro (m)	divār	دیوار
torre (f)	borj	برج
torre (f) principale	borj-e asli	برج اصلی
saracinesca (f)	darb-e kešowyi	درب کشویی
tunnel (m)	rāh-e zirzamini	راه زیرزمینی
fossato (m)	xandaq	خندق
catena (f)	zanjir	زنجیر
feritoia (f)	mazqal	مزغل
magnifico (agg)	mojallal	مجلل
maestoso (agg)	bāšokuh	باشکوه
inespugnabile (agg)	nofoz nāpazir	نفوذ ناپذیر
medievale (agg)	qorun-e vasati	قرون وسطی

87. Appartamento

appartamento (m)	āpārtemān	آپارتمان
camera (f), stanza (f)	otāq	اتاق
camera (f) da letto	otāq-e xāb	اتاق خواب
sala (f) da pranzo	otāq-e qazāxori	اتاق غذاخوری
salotto (m)	mehmānxāne	مهمانخانه
studio (m)	daftar	دفتر
ingresso (m)	tālār-e vorudi	تالار ورودی
bagno (m)	hammām	حمام
gabinetto (m)	tuālet	توالت
soffitto (m)	saqf	سقف
pavimento (m)	kaf	کف
angolo (m)	guše	گوشه

88. Appartamento. Pulizie

pulire (vt)	tamiz kardan	تمیز کردن
mettere via	morattab kardan	مرتب کردن
polvere (f)	gard	گرد
impolverato (agg)	gard ālud	گرد آلود
spolverare (vt)	gardgiri kardan	گردگیری کردن
aspirapolvere (m)	jāru barqi	جارو برقی
passare l'aspirapolvere	jāru barq-i kešidan	جارو برقی کشیدن
spazzare (vi, vt)	jāru kardan	جارو کردن
spazzatura (f)	āšqāl	آشغال
ordine (m)	nazm	نظم
disordine (m)	bi nazmi	بی نظمی
frettazzo (m)	jāru-ye dastedār	جاروی دسته دار
strofinaccio (m)	kohne	کهنه
scopa (f)	jārub	جاروب
paletta (f)	xāk andāz	خاک انداز

89. Arredamento. Interno

mobili (m pl)	mobl	مبل
tavolo (m)	miz	میز
sedia (f)	sandali	صندلی
letto (m)	taxt-e xāb	تخت خواب
divano (m)	kānāpe	کاناپه
poltrona (f)	mobl-e rāhati	مبل راحتی
libreria (f)	qafase-ye ketāb	قفسه کتاب
ripiano (m)	qafase	قفسه
armadio (m)	komod	کمد
attaccapanni (m) da parete	raxt āviz	رخت آویز

appendiabiti (m) da terra	čub lebāsi	چوب لباسی
comò (m)	komod	کمد
tavolino (m) da salotto	miz-e pišdasti	میز پیشدستی
specchio (m)	āyene	آینه
tappeto (m)	farš	فرش
tappetino (m)	qāliče	قالیچه
camino (m)	šumine	شومینه
candela (f)	šam'	شمع
candeliere (m)	šam'dān	شمعدان
tende (f pl)	parde	پرده
carta (f) da parati	kāqaz-e divāri	کاغذ دیواری
tende (f pl) alla veneziana	kerkere	کرکره
lampada (f) da tavolo	čerāq-e rumizi	چراغ رومیزی
lampada (f) da parete	čerāq-e divāri	چراغ دیواری
lampada (f) a stelo	ābāžur	آباژور
lampadario (m)	luster	لوستر
gamba (f)	pāye	پایه
bracciolo (m)	daste-ye sandali	دستهٔ صندلی
spalliera (f)	pošti	پشتی
cassetto (m)	kešow	کشو

90. Biancheria da letto

biancheria (f) da letto	raxt-e xāb	رخت خواب
cuscino (m)	bālešt	بالشت
federa (f)	rubalešt	روبالشت
coperta (f)	patu	پتو
lenzuolo (m)	malāfe	ملافه
copriletto (m)	rutaxti	روتختی

91. Cucina

cucina (f)	āšpazxāne	آشپزخانه
gas (m)	gāz	گاز
fornello (m) a gas	ojāgh-e gāz	اجاق گاز
fornello (m) elettrico	ojāgh-e barghi	اجاق برقی
forno (m)	fer	فر
forno (m) a microonde	māykrofer	مایکروفر
frigorifero (m)	yaxčāl	یخچال
congelatore (m)	fereyzer	فریزر
lavastoviglie (f)	māšin-e zarfšuyi	ماشین ظرفشویی
tritacarne (m)	čarx-e gušt	چرخ گوشت
spremifrutta (m)	ābmive giri	آبمیوه گیری
tostapane (m)	towster	توستر
mixer (m)	maxlut kon	مخلوط کن

macchina (f) da caffè	qahve sāz	قهوه ساز
caffettiera (f)	qahve juš	قهوه جوش
macinacaffè (m)	āsiyāb-e qahve	آسیاب قهوه
bollitore (m)	ketri	کتری
teiera (f)	quri	قوری
coperchio (m)	sarpuš	سرپوش
colino (m) da tè	čāy sāf kon	چای صاف کن
cucchiaio (m)	qāšoq	قاشق
cucchiaino (m) da tè	qāšoq čāy xori	قاشق چای خوری
cucchiaio (m)	qāšoq sup xori	قاشق سوپ خوری
forchetta (f)	čangāl	چنگال
coltello (m)	kārd	کارد
stoviglie (f pl)	zoruf	ظروف
piatto (m)	bošqāb	بشقاب
piattino (m)	na'lbeki	نعلبکی
cicchetto (m)	gilās-e vodkā	گیلاس ودکا
bicchiere (m) (~ d'acqua)	estekān	استکان
tazzina (f)	fenjān	فنجان
zuccheriera (f)	qandān	قندان
saliera (f)	namakdān	نمکدان
pepiera (f)	felfeldān	فلفلدان
burriera (f)	zarf-e kare	ظرف کره
pentola (f)	qāblame	قابلمه
padella (f)	tābe	تابه
mestolo (m)	malāqe	ملاقه
colapasta (m)	ābkeš	آبکش
vassoio (m)	sini	سینی
bottiglia (f)	botri	بطری
barattolo (m) di vetro	šiše	شیشه
latta, lattina (f)	quti	قوطی
apribottiglie (m)	dar bāz kon	در بازکن
apriscatole (m)	dar bāz kon	در بازکن
cavatappi (m)	dar bāz kon	در بازکن
filtro (m)	filter	فیلتر
filtrare (vt)	filter kardan	فیلتر کردن
spazzatura (f)	āšqāl	آشغال
pattumiera (f)	satl-e zobāle	سطل زباله

92. Bagno

bagno (m)	hammām	حمام
acqua (f)	āb	آب
rubinetto (m)	šir	شیر
acqua (f) calda	āb-e dāq	آب داغ
acqua (f) fredda	āb-e sard	آب سرد

dentifricio (m)	xamir-e dandān	خمیر دندان
lavarsi i denti	mesvāk zadan	مسواک زدن
spazzolino (m) da denti	mesvāk	مسواک
rasarsi (vr)	riš tarāšidan	ریش تراشیدن
schiuma (f) da barba	xamir-e eslāh	خمیر اصلاح
rasoio (m)	tiq	تیغ
lavare (vt)	šostan	شستن
fare un bagno	hamām kardan	حمام کردن
doccia (f)	duš	دوش
fare una doccia	duš gereftan	دوش گرفتن
vasca (f) da bagno	vān hammām	وان حمام
water (m)	tuālet-e farangi	توالت فرنگی
lavandino (m)	sink	سینک
sapone (m)	sābun	صابون
porta (m) sapone	jā sābun	جا صابون
spugna (f)	abr	ابر
shampoo (m)	šāmpu	شامپو
asciugamano (m)	howle	حوله
accappatoio (m)	howle-ye hamām	حوله حمام
bucato (m)	raxčuyi	لباسشویی
lavatrice (f)	māšin-e lebas-šui	ماشین لباسشویی
fare il bucato	šostan-e lebās	شستن لباس
detersivo (m) per il bucato	pudr-e lebas-šui	پودر لباسشویی

93. Elettrodomestici

televisore (m)	televiziyon	تلویزیون
registratore (m) a nastro	zabt-e sowt	ضبط صوت
videoregistratore (m)	video	ویدئو
radio (f)	rādiyo	رادیو
lettore (m)	paxš konande	پخش کننده
videoproiettore (m)	video porožektor	ویدئو پروژکتور
home cinema (m)	sinamā-ye xānegi	سینمای خانگی
lettore (m) DVD	paxš konande-ye di vi di	پخش کننده دی وی دی
amplificatore (m)	āmpli-fāyer	آمپلی فایر
console (f) video giochi	konsul-e bāzi	کنسول بازی
videocamera (f)	durbin-e filmbardāri	دوربین فیلمبرداری
macchina (f) fotografica	durbin-e akkāsi	دوربین عکاسی
fotocamera (f) digitale	durbin-e dijitāl	دوربین دیجیتال
aspirapolvere (m)	jāru barqi	جارو برقی
ferro (m) da stiro	oto	اتو
asse (f) da stiro	miz-e otu	میز اتو
telefono (m)	telefon	تلفن
telefonino (m)	telefon-e hamrāh	تلفن همراه

macchina (f) da scrivere	māšin-e tahrir	ماشین تحریر
macchina (f) da cucire	čarx-e xayyāti	چرخ خیاطی
microfono (m)	mikrofon	میکروفون
cuffia (f)	guši	گوشی
telecomando (m)	kontorol az rāh-e dur	کنترل از راه دور
CD (m)	si-di	سیدی
cassetta (f)	kāst	کاست
disco (m) (vinile)	safhe-ye gerāmāfon	صفحه گرامافون

94. Riparazioni. Restauro

lavori (m pl) di restauro	ta'mir	تعمیر
rinnovare (ridecorare)	ta'mir kardan	تعمیر کردن
riparare (vt)	ta'mir kardan	تعمیر کردن
mettere in ordine	morattab kardan	مرتب کردن
rifare (vt)	dobāre anjām dādan	دوباره انجام دادن
pittura (f)	rang	رنگ
pitturare (~ un muro)	rang kardan	رنگ کردن
imbianchino (m)	naqqāš	نقاش
pennello (m)	qalam mu	قلم مو
imbiancatura (f)	sefid kāri	سفید کاری
imbiancare (vt)	sefid kāri kardan	سفید کاری کردن
carta (f) da parati	kāqaz-e divāri	کاغذ دیواری
tappezzare (vt)	kāqaz-e divāri kardan	کاغذ دیواری کردن
vernice (f)	lāk	لاک
verniciare (vt)	lāk zadan	لاک زدن

95. Impianto idraulico

acqua (f)	āb	آب
acqua (f) calda	āb-e dāq	آب داغ
acqua (f) fredda	āb-e sard	آب سرد
rubinetto (m)	šir	شیر
goccia (f)	qatre	قطره
gocciolare (vi)	čakidan	چکیدن
perdere (il tubo, ecc.)	našt kardan	نشت کردن
perdita (f) (~ dai tubi)	našt	نشت
pozza (f)	čāle	چاله
tubo (m)	lule	لوله
valvola (f)	šir-e falake	شیر فلکه
intasarsi (vr)	masdud šodan	مسدود شدن
strumenti (m pl)	abzār	ابزار
chiave (f) inglese	āčār-e farānse	آچار فرانسه
svitare (vt)	bāz kardan	باز کردن

avvitare (stringere)	pič kardan	پیچ کردن
stasare (vt)	lule bāz kardan	لوله باز کردن
idraulico (m)	lule keš	لوله کش
seminterrato (m)	zirzamin	زیرزمین
fognatura (f)	fāzelāb	فاضلاب

96. Incendio. Conflagrazione

fuoco (m)	ātaš suzi	آتش سوزی
fiamma (f)	šo'le	شعله
scintilla (f)	jaraqqe	جرقه
fumo (m)	dud	دود
fiaccola (f)	maš'al	مشعل
falò (m)	ātaš	آتش
benzina (f)	benzin	بنزین
cherosene (m)	naft-e sefid	نفت سفید
combustibile (agg)	sutani	سوختنی
esplosivo (agg)	mavādd-e monfajere	مواد منفجره
VIETATO FUMARE!	sigār kešidan mamnu'	سیگار کشیدن ممنوع
sicurezza (f)	amniyat	امنیت
pericolo (m)	xatar	خطر
pericoloso (agg)	xatarnāk	خطرناک
prendere fuoco	ātaš gereftan	آتش گرفتن
esplosione (f)	enfejār	انفجار
incendiare (vt)	ātaš zadan	آتش زدن
incendiario (m)	ātaš afruz	آتش افروز
incendio (m) doloso	ātaš zadan-e amdi	آتش زدن عمدی
divampare (vi)	šo'levar budan	شعله ور بودن
bruciare (vi)	suxtan	سوختن
bruciarsi (vr)	suxtan	سوختن
chiamare i pompieri	ātaš-e nešāni rā xabar kardan	آتش نشانی را خبر کردن
pompiere (m)	ātaš nešān	آتش نشان
autopompa (f)	māšin-e ātašnešāni	ماشین آتش نشانی
corpo (m) dei pompieri	tim-e ātašnešāni	تیم آتش نشانی
autoscala (f) da pompieri	nardebān-e ātašnešāni	نردبان آتش نشانی
manichetta (f)	šelang-e ātaš-nešāni	شلنگ آتش نشانی
estintore (m)	kapsul-e ātašnešāni	کپسول آتش نشانی
casco (m)	kolāh-e imeni	کلاه ایمنی
sirena (f)	āžir-e xatar	آژیر خطر
gridare (vi)	faryād zadan	فریاد زدن
chiamare in aiuto	be komak talabidan	به کمک طلبیدن
soccorritore (m)	nejāt-e dahande	نجات دهنده
salvare (vt)	najāt dādan	نجات دادن
arrivare (vi)	residan	رسیدن
spegnere (vt)	xāmuš kardan	خاموش کردن

acqua (f)	āb	آب
sabbia (f)	šen	شن
rovine (f pl)	xarābe	خرابه
crollare (edificio)	foru rixtan	فرو ریختن
cadere (vi)	rizeš kardan	ریزش کردن
collassare (vi)	foru rixtan	فرو ریختن
frammento (m)	qet'e	قطعه
cenere (f)	xākestar	خاکستر
asfissiare (vi)	xafe šodan	خفه شدن
morire, perire (vi)	košte šodan	کشته شدن

ATTIVITÀ UMANA

Lavoro. Affari. Parte 1

97. Attività bancaria

banca (f)	bānk	بانک
filiale (f)	šo'be	شعبه
consulente (m)	mošāver	مشاور
direttore (m)	modir	مدیر
conto (m) bancario	hesāb-e bānki	حساب بانکی
numero (m) del conto	šomāre-ye hesāb	شمارهٔ حساب
conto (m) corrente	hesāb-e jāri	حساب جاری
conto (m) di risparmio	hesāb-e pasandāz	حساب پس انداز
aprire un conto	hesāb-e bāz kardan	حساب باز کردن
chiudere il conto	hesāb rā bastan	حساب را بستن
versare sul conto	be hesāb rixtan	به حساب ریختن
prelevare dal conto	az hesāb bardāštan	از حساب برداشتن
deposito (m)	seporde	سپرده
depositare (vt)	seporde gozāštan	سپرده گذاشتن
trasferimento (m) telegrafico	enteqāl	انتقال
rimettere i soldi	enteqāl dādan	انتقال دادن
somma (f)	jam'-e kol	جمع کل
Quanto?	čeqadr?	چقدر؟
firma (f)	emzā'	امضاء
firmare (vt)	emzā kardan	امضا کردن
carta (f) di credito	kārt-e e'tebāri	کارت اعتباری
codice (m)	kod	کد
numero (m) della carta di credito	šomāre-ye kārt-e e'tebāri	شماره کارت اعتباری
bancomat (m)	xodpardāz	خودپرداز
assegno (m)	ček	چک
emettere un assegno	ček neveštan	چک نوشتن
libretto (m) di assegni	daste-ye ček	دسته چک
prestito (m)	e'tebār	اعتبار
fare domanda per un prestito	darxāst-e vam kardan	درخواست وام کردن
ottenere un prestito	vām gereftan	وام گرفتن
concedere un prestito	vām dādan	وام دادن
garanzia (f)	zemānat	ضمانت

98. Telefono. Conversazione telefonica

telefono (m)	telefon	تلفن
telefonino (m)	telefon-e hamrāh	تلفن همراه
segreteria (f) telefonica	monši-ye telefoni	منشی تلفنی
telefonare (vi, vt)	telefon zadan	تلفن زدن
chiamata (f)	tamās-e telefoni	تماس تلفنی
comporre un numero	šomāre gereftan	شماره گرفتن
Pronto!	alo!	الو!
chiedere (domandare)	porsidan	پرسیدن
rispondere (vi, vt)	javāb dādan	جواب دادن
udire (vt)	šenidan	شنیدن
bene	xub	خوب
male	bad	بد
disturbi (m pl)	sedā	صدا
cornetta (f)	guši	گوشی
alzare la cornetta	guši rā bar dāštan	گوشی را برداشتن
riattaccare la cornetta	guši rā gozāštan	گوشی را گذاشتن
occupato (agg)	mašqul	مشغول
squillare (del telefono)	zang zadan	زنگ زدن
elenco (m) telefonico	daftar-e telefon	دفتر تلفن
locale (agg)	mahalli	محلی
telefonata (f) urbana	telefon-e dāxeli	تلفن داخلی
interurbano (agg)	beyn-e šahri	بین شهری
telefonata (f) interurbana	telefon-e beyn-e šahri	تلفن بین شهری
internazionale (agg)	beynolmelali	بین المللی
telefonata (f) internazionale	telefon-e beynolmelali	تلفن بین المللی

99. Telefono cellulare

telefonino (m)	telefon-e hamrāh	تلفن همراه
schermo (m)	namāyešgar	نمایشگر
tasto (m)	dokme	دکمه
scheda SIM (f)	sim-e kārt	سیم کارت
pila (f)	bātri	باطری
essere scarico	tamām šodan bātri	تمام شدن باتری
caricabatteria (m)	šāržer	شارژ
menù (m)	meno	منو
impostazioni (f pl)	tanzimāt	تنظیمات
melodia (f)	āhang	آهنگ
scegliere (vt)	entexāb kardan	انتخاب کردن
calcolatrice (f)	māšin-e hesāb	ماشین حساب
segreteria (f) telefonica	monši-ye telefoni	منشی تلفنی
sveglia (f)	sā'at-e zang dār	ساعت زنگ دار

contatti (m pl)	daftar-e telefon	دفتر تلفن
messaggio (m) SMS	payāmak	پیامک
abbonato (m)	moštarek	مشترک

100. Articoli di cancelleria

penna (f) a sfera	xodkār	خودکار
penna (f) stilografica	xodnevis	خودنویس
matita (f)	medād	مداد
evidenziatore (m)	māžik	ماژیک
pennarello (m)	māžik	ماژیک
taccuino (m)	daftar-e yāddāšt	دفتر یادداشت
agenda (f)	daftar-e yāddāšt	دفتر یادداشت
righello (m)	xat keš	خط کش
calcolatrice (f)	māšin-e hesāb	ماشین حساب
gomma (f) per cancellare	pāk kon	پاک کن
puntina (f)	punez	پونز
graffetta (f)	gire	گیره
colla (f)	časb	چسب
pinzatrice (f)	mangane-ye zan	منگنه زن
perforatrice (f)	pānč	پانچ
temperamatite (m)	madād-e tarāš	مداد تراش

Lavoro. Affari. Parte 2

101. Mezzi di comunicazione di massa

giornale (m)	ruznāme	روزنامه
rivista (f)	majalle	مجله
stampa (f) (giornali, ecc.)	matbuāt	مطبوعات
radio (f)	rādiyo	راديو
stazione (f) radio	istgāh-e rādiyoyi	ایستگاه رادیویی
televisione (f)	televiziyon	تلويزيون
presentatore (m)	mojri	مجری
annunciatore (m)	guyande-ye axbār	گوینده اخبار
commentatore (m)	mofasser	مفسر
giornalista (m)	ruznāme negār	روزنامه نگار
corrispondente (m)	xabarnegār	خبرنگار
fotocronista (m)	akkās-e matbuāti	عکاس مطبوعاتی
cronista (m)	gozārešgar	گزارشگر
redattore (m)	virāstār	ویراستار
redattore capo (m)	sardabir	سردبیر
abbonarsi a …	moštarak šodan	مشترک شدن
abbonamento (m)	ešterāk	اشتراک
abbonato (m)	moštarek	مشترک
leggere (vi, vt)	xāndan	خواندن
lettore (m)	xānande	خواننده
tiratura (f)	tirāž	تیراژ
mensile (agg)	māhāne	ماهانه
settimanale (agg)	haftegi	هفتگی
numero (m)	šomāre	شماره
fresco (agg)	tāze	تازه
testata (f)	sar xat-e xabar	سرخط خبر
trafiletto (m)	maqāle-ye kutāh	مقاله کوتاه
rubrica (f)	sotun	ستون
articolo (m)	maqāle	مقاله
pagina (f)	safhe	صفحه
servizio (m), reportage (m)	gozāreš	گزارش
evento (m)	vāqe'e	واقعه
sensazione (f)	hayajān	هیجان
scandalo (m)	janjāl	جنجال
scandaloso (agg)	janjāl āvar	جنجال آور
enorme (un ~ scandalo)	bozorg	بزرگ
trasmissione (f)	barnāme	برنامه
intervista (f)	mosāhebe	مصاحبه

trasmissione (f) in diretta — paxš-e mostaqim — پخش مستقیم
canale (m) — kānāl — کانال

102. Agricoltura

agricoltura (f) — kešāvarzi — کشاورزی
contadino (m) — dehqān — دهقان
contadina (f) — dehqān — دهقان
fattore (m) — kešāvarz — کشاورز

trattore (m) — terāktor — تراکتور
mietitrebbia (f) — kombāyn — کمباین

aratro (m) — gāvāhan — گاوآهن
arare (vt) — šoxm zadan — شخم زدن
terreno (m) coltivato — zamin āmāde kešt — زمین آماده کشت
solco (m) — šiyār — شیار

seminare (vt) — kāštan — کاشتن
seminatrice (f) — bazrpāš — بذرپاش
semina (f) — kešt — کشت

falce (f) — dās — داس
falciare (vt) — dero kardan — درو کردن

pala (f) — bil — بیل
scavare (vt) — kandan — کندن

zappa (f) — kaj bil — کج بیل
zappare (vt) — vajin kardan — وجین کردن
erbaccia (f) — alaf-e harz — علف هرز

innaffiatoio (m) — āb pāš — آب پاش
innaffiare (vt) — āb dādan — آب دادن
innaffiamento (m) — ābyāri — آبیاری

forca (f) — čangak — چنگک
rastrello (m) — šen keš — شن کش

concime (m) — kud — کود
concimare (vt) — kud dādan — کود دادن
letame (m) — kud-e heyvāni — کود حیوانی

campo (m) — sahrā — صحرا
prato (m) — čaman — چمن
orto (m) — jāliz — جالیز
frutteto (m) — bāq — باغ

pascolare (vt) — čerāndan — چراندن
pastore (m) — čupān — چوپان
pascolo (m) — čerā-gāh — چراگاه

allevamento (m) di bestiame — dāmparvari — دامپروری
allevamento (m) di pecore — gusfand dāri — گوسفند داری

piantagione (f)	mazrae	مزرعه
filare (m) (un ~ di alberi)	radif	ردیف
serra (f) da orto	golxāne	گلخانه
siccità (f)	xošksāli	خشکسالی
secco, arido (un'estate ~a)	xošk	خشک
grano (m)	dāne	دانه
cereali (m pl)	qallāt	غلات
raccogliere (vt)	mahsul-e jam' kardan	محصول جمع کردن
mugnaio (m)	āsiyābān	آسیابان
mulino (m)	āsiyāb	آسیاب
macinare (~ il grano)	qalle kubidan	غله کوبیدن
farina (f)	ārd	آرد
paglia (f)	kāh	کاه

103. Edificio. Attività di costruzione

cantiere (m) edile	mahal-e sāxt-o sāz	محل ساخت و ساز
costruire (vt)	sāxtan	ساختن
operaio (m) edile	kārgar-e sāxtemāni	کارگر ساختمانی
progetto (m)	porože	پروژه
architetto (m)	me'mār	معمار
operaio (m)	kārgar	کارگر
fondamenta (f pl)	šālude	شالوده
tetto (m)	bām	بام
palo (m) di fondazione	pāye	پایه
muro (m)	divār	دیوار
barre (f pl) di rinforzo	milgerd	میلگرد
impalcatura (f)	dārbast	داربست
beton (m)	boton	بتن
granito (m)	sang-e gerānit	سنگ گرانیت
pietra (f)	sang	سنگ
mattone (m)	ājor	آجر
sabbia (f)	šen	شن
cemento (m)	simān	سیمان
intonaco (m)	gač kāri	گچ کاری
intonacare (vt)	gačkār-i kardan	گچکاری کردن
pittura (f)	rang	رنگ
pitturare (vt)	rang kardan	رنگ کردن
botte (f)	boške	بشکه
gru (f)	jarsaqil	جرثقیل
sollevare (vt)	boland kardan	بلند کردن
abbassare (vt)	pāin āvardan	پائین آوردن
bulldozer (m)	buldozer	بولدوزر
scavatrice (f)	dastgāh-e haffāri	دستگاه حفاری

cucchiaia (f)	bil	بیل
scavare (vt)	kandan	کندن
casco (m) (~ di sicurezza)	kolāh-e imeni	کلاه ایمنی

Professioni e occupazioni

104. Ricerca di un lavoro. Licenziamento

lavoro (m)	kār	کار
organico (m)	kārmandān	کارمندان
personale (m)	kādr	کادر
carriera (f)	šoql	شغل
prospettiva (f)	durnamā	دورنما
abilità (f pl)	mahārat	مهارت
selezione (f) (~ del personale)	entexāb	انتخاب
agenzia (f) di collocamento	āžāns-e kāryābi	آژانس کاریابی
curriculum vitae (f)	rezume	رزومه
colloquio (m)	mosāhabe-ye kari	مصاحبه کاری
posto (m) vacante	post-e xāli	پست خالی
salario (m)	hoquq	حقوق
stipendio (m) fisso	darāmad-e s ābet	درآمد ثابت
compenso (m)	pardāxt	پرداخت
carica (f), funzione (f)	šoql	شغل
mansione (f)	vazife	وظیفه
mansioni (f pl) di lavoro	šarh-e vazāyef	شرح وظایف
occupato (agg)	mašqul	مشغول
licenziare (vt)	exrāj kardan	اخراج کردن
licenziamento (m)	exrāj	اخراج
disoccupazione (f)	bikāri	بیکاری
disoccupato (m)	bikār	بیکار
pensionamento (m)	mostamerri	مستمری
andare in pensione	bāznešaste šodan	بازنشسته شدن

105. Gente d'affari

direttore (m)	modir	مدیر
dirigente (m)	modir	مدیر
capo (m)	ra'is	رئیس
superiore (m)	māfowq	مافوق
capi (m pl)	roasā	رؤسا
presidente (m)	ra'is jomhur	رئیس جمهور
presidente (m) (impresa)	ra'is	رئیس
vice (m)	mo'āven	معاون
assistente (m)	mo'āven	معاون

segretario (m)	monši	منشی
assistente (m) personale	dastyār-e šaxsi	دستیار شخصی
uomo (m) d'affari	bāzargān	بازرگان
imprenditore (m)	kārāfarin	کارآفرین
fondatore (m)	moasses	مؤسس
fondare (vt)	ta'sis kardan	تأسیس کردن
socio (m)	hamkār	همکار
partner (m)	šarik	شریک
azionista (m)	sahāmdār	سهامدار
milionario (m)	milyuner	میلیونر
miliardario (m)	milyārder	میلیاردر
proprietario (m)	sāheb	صاحب
latifondista (m)	zamin-dār	زمین دار
cliente (m) (di professionista)	xaridār	خریدار
cliente (m) abituale	xaridār-e dāemi	خریدار دائمی
compratore (m)	xaridār	خریدار
visitatore (m)	bāzdid konande	بازدید کننده
professionista (m)	herfe i	حرفه ای
esperto (m)	kāršenās	کارشناس
specialista (m)	motexasses	متخصص
banchiere (m)	kārmand-e bānk	کارمند بانک
broker (m)	dallāl-e kārgozār	دلال کارگزار
cassiere (m)	sanduqdār	صندوقدار
contabile (m)	hesābdār	حسابدار
guardia (f) giurata	negahbān	نگهبان
investitore (m)	sarmāye gozār	سرمایه گذار
debitore (m)	bedehkār	بدهکار
creditore (m)	talabkār	طلبکار
mutuatario (m)	vām girande	وام گیرنده
importatore (m)	vāred konande	وارد کننده
esportatore (m)	sāder konande	صادر کننده
produttore (m)	towlid konande	تولید کننده
distributore (m)	towzi' konande	توزیع کننده
intermediario (m)	vāsete	واسطه
consulente (m)	mošāver	مشاور
rappresentante (m)	namāyande	نماینده
agente (m)	namāyande	نماینده
assicuratore (m)	namāyande-ye bime	نمایندهٔ بیمه

106. Professioni amministrative

cuoco (m)	āšpaz	آشپز
capocuoco (m)	sarāšpaz	سرآشپز

fornaio (m)	nānvā	نانوا
barista (m)	motesaddi-ye bār	متصدی بار
cameriere (m)	pišxedmat	پیشخدمت
cameriera (f)	pišxedmat	پیشخدمت
avvocato (m)	vakil	وکیل
esperto (m) legale	hoquq dān	حقوق دان
notaio (m)	daftardār	دفتردار
elettricista (m)	barq-e kār	برق کار
idraulico (m)	lule keš	لوله کش
falegname (m)	najjār	نجار
massaggiatore (m)	māsāž dahande	ماساژ دهنده
massaggiatrice (f)	māsāž dahande	ماساژ دهنده
medico (m)	pezešk	پزشک
taxista (m)	rānande-ye tāksi	راننده تاکسی
autista (m)	rānande	راننده
fattorino (m)	peyk	پیک
cameriera (f)	mostaxdem	مستخدم
guardia (f) giurata	negahbān	نگهبان
hostess (f)	mehmāndār-e havāpeymā	مهماندار هواپیما
insegnante (m, f)	mo'allem	معلم
bibliotecario (m)	ketābdār	کتابدار
traduttore (m)	motarjem	مترجم
interprete (m)	motarjem-e šafāhi	مترجم شفاهی
guida (f)	rāhnamā-ye tur	راهنمای تور
parrucchiere (m)	ārāyešgar	آرایشگر
postino (m)	nāme resān	نامه رسان
commesso (m)	forušande	فروشنده
giardiniere (m)	bāqbān	باغبان
domestico (m)	nowkar	نوکر
domestica (f)	xedmatkār	خدمتکار
donna (f) delle pulizie	zan-e nezāfatči	زن نظافتچی

107. Professioni militari e gradi

soldato (m) semplice	sarbāz	سرباز
sergente (m)	goruhbān	گروهبان
tenente (m)	sotvān	ستوان
capitano (m)	kāpitān	کاپیتان
maggiore (m)	sargord	سرگرد
colonnello (m)	sarhang	سرهنگ
generale (m)	ženerāl	ژنرال
maresciallo (m)	māršāl	مارشال
ammiraglio (m)	daryāsālār	دریاسالار
militare (m)	nezāmi	نظامی
soldato (m)	sarbāz	سرباز

ufficiale (m)	afsar	افسر
comandante (m)	farmāndeh	فرمانده
guardia (f) di frontiera	marzbān	مرزبان
marconista (m)	bisim či	بیسیم چی
esploratore (m)	ettelā'āti	اطلاعاتی
geniere (m)	mohandes estehkāmāt	مهندس استحکامات
tiratore (m)	tirandāz	تیرانداز
navigatore (m)	nāvbar	ناوبر

108. Funzionari. Sacerdoti

re (m)	šāh	شاه
regina (f)	maleke	ملکه
principe (m)	šāhzāde	شاهزاده
principessa (f)	pranses	پرنسس
zar (m)	tezār	تزار
zarina (f)	maleke	ملکه
presidente (m)	ra'is jomhur	رئیس جمهور
ministro (m)	vazir	وزیر
primo ministro (m)	noxost vazir	نخست وزیر
senatore (m)	senātor	سناتور
diplomatico (m)	diplomāt	دیپلمات
console (m)	konsul	کنسول
ambasciatore (m)	safir	سفیر
consigliere (m)	mošāver	مشاور
funzionario (m)	kārmand	کارمند
prefetto (m)	baxšdār	بخشدار
sindaco (m)	šahrdār	شهردار
giudice (m)	qāzi	قاضی
procuratore (m)	dādsetān	دادستان
missionario (m)	misiyoner	میسیونر
monaco (m)	rāheb	راهب
abate (m)	rāheb-e bozorg	راهب بزرگ
rabbino (m)	xāxām	خاخام
visir (m)	vazir	وزیر
scià (m)	šāh	شاه
sceicco (m)	šeyx	شیخ

109. Professioni agricole

apicoltore (m)	zanburdār	زنبوردار
pastore (m)	čupān	چوپان
agronomo (m)	motexasses-e kešāvarzi	متخصص کشاورزی

allevatore (m) di bestiame	dāmparvar	دامپرور
veterinario (m)	dāmpezešk	دامپزشک
fattore (m)	kešāvarz	کشاورز
vinificatore (m)	šarāb sāz	شراب ساز
zoologo (m)	jānevar-šenās	جانور شناس
cowboy (m)	gāvčerān	گاوچران

110. Professioni artistiche

attore (m)	bāzigar	بازیگر
attrice (f)	bāzigar	بازیگر
cantante (m)	xānande	خواننده
cantante (f)	xānande	خواننده
danzatore (m)	raqqās	رقاص
ballerina (f)	raqqāse	رقاصه
artista (m)	honarpiše	هنرپیشه
artista (f)	honarpiše	هنرپیشه
musicista (m)	muzisiyan	موزیسین
pianista (m)	piyānist	پیانیست
chitarrista (m)	gitārist	گیتاریست
direttore (m) d'orchestra	rahbar-e orkestr	رهبر ارکستر
compositore (m)	āhangsāz	آهنگساز
impresario (m)	modir-e operā	مدیر اپرا
regista (m)	kārgardān	کارگردان
produttore (m)	tahiye konande	تهیه کننده
sceneggiatore (m)	senārist	سناریست
critico (m)	montaqed	منتقد
scrittore (m)	nevisande	نویسنده
poeta (m)	šā'er	شاعر
scultore (m)	mojassame sāz	مجسمه ساز
pittore (m)	naqqāš	نقاش
giocoliere (m)	tardast	تردست
pagliaccio (m)	dalqak	دلقک
acrobata (m)	ākrobāt	آکروبات
prestigiatore (m)	šo'bade bāz	شعبده باز

111. Professioni varie

medico (m)	pezešk	پزشک
infermiera (f)	parastār	پرستار
psichiatra (m)	ravānpezešk	روانپزشک
dentista (m)	dandān pezešk	دندان پزشک
chirurgo (m)	jarrāh	جراح

astronauta (m)	fazānavard	فضانورد
astronomo (m)	setāre-šenās	ستاره شناس
pilota (m)	xalabān	خلبان
autista (m)	rānande	راننده
macchinista (m)	rānande	راننده
meccanico (m)	mekānik	مکانیک
minatore (m)	ma'danči	معدنچی
operaio (m)	kārgar	کارگر
operaio (m) metallurgico	qofl sāz	قفل ساز
falegname (m)	najjār	نجار
tornitore (m)	tarrāš kār	تراش کار
operaio (m) edile	kārgar-e sāxtemāni	کارگر ساختمانی
saldatore (m)	juš kār	جوش کار
professore (m)	porofosor	پروفسور
architetto (m)	me'mār	معمار
storico (m)	movarrex	مورخ
scienziato (m)	dānešmand	دانشمند
fisico (m)	fizikdān	فیزیکدان
chimico (m)	šimi dān	شیمی دان
archeologo (m)	bāstān-šenās	باستان شناس
geologo (m)	zamin-šenās	زمین شناس
ricercatore (m)	pažuhešgar	پژوهشگر
baby-sitter (m, f)	parastār bače	پرستار بچه
insegnante (m, f)	āmuzgār	آموزگار
redattore (m)	virāstār	ویراستار
redattore capo (m)	sardabir	سردبیر
corrispondente (m)	xabarnegār	خبرنگار
dattilografa (f)	māšin nevis	ماشین نویس
designer (m)	tarāh	طراح
esperto (m) informatico	kāršenās kāmpiyuter	کارشناس کامپیوتر
programmatore (m)	barnāme-ye nevis	برنامه نویس
ingegnere (m)	mohandes	مهندس
marittimo (m)	malavān	ملوان
marinaio (m)	malavān	ملوان
soccorritore (m)	nejāt-e dahande	نجات دهنده
pompiere (m)	ātaš nešān	آتش نشان
poliziotto (m)	polis	پلیس
guardiano (m)	mohāfez	محافظ
detective (m)	kārāgāh	کارآگاه
doganiere (m)	ma'mur-e gomrok	مامور گمرک
guardia (f) del corpo	mohāfez-e šaxsi	محافظ شخصی
guardia (f) carceraria	negahbān zendān	نگهبان زندان
ispettore (m)	bāzres	بازرس
sportivo (m)	varzeškār	ورزشکار
allenatore (m)	morabbi	مربی

macellaio (m)	qassāb	قصاب
calzolaio (m)	kaffāš	كفاش
uomo (m) d'affari	bāzargān	بازرگان
caricatore (m)	bārbar	باربر
stilista (m)	tarrāh-e lebas	طراح لباس
modella (f)	model-e zan	مدل زن

112. Attività lavorative. Condizione sociale

scolaro (m)	dāneš-āmuz	دانش آموز
studente (m)	dānešju	دانشجو
filosofo (m)	filsuf	فیلسوف
economista (m)	eqtesāddān	اقتصاددان
inventore (m)	moxtare'	مخترع
disoccupato (m)	bikār	بیکار
pensionato (m)	bāznešaste	بازنشسته
spia (f)	jāsus	جاسوس
detenuto (m)	zendāni	زندانی
scioperante (m)	e'tesāb konande	اعتصاب کننده
burocrate (m)	ma'mur-e edāri	مأمور اداری
viaggiatore (m)	mosāfer	مسافر
omosessuale (m)	hamjens-e bāz	همجنس باز
hacker (m)	haker	هکر
hippy (m, f)	hipi	هیپی
bandito (m)	rāhzan	راهزن
sicario (m)	ādamkoš	آدمکش
drogato (m)	mo'tād	معتاد
trafficante (m) di droga	forušande-ye mavādd-e moxadder	فروشندهٔ مواد مخدر
prostituta (f)	fāheše	فاحشه
magnaccia (m)	jākeš	جاکش
stregone (m)	jādugar	جادوگر
strega (f)	jādugar	جادوگر
pirata (m)	dozd-e daryāyi	دزد دریایی
schiavo (m)	borde	برده
samurai (m)	sāmurāyi	سامورایی
selvaggio (m)	vahši	وحشی

Sport

113. Tipi di sport. Sportivi

sportivo (m)	varzeškār	ورزشکار
sport (m)	anvā-e varzeš	انواع ورزش
pallacanestro (m)	basketbāl	بسکتبال
cestista (m)	basketbālist	بسکتبالیست
baseball (m)	beysbāl	بیسبال
giocatore (m) di baseball	beysbālist	بیسبالیست
calcio (m)	futbāl	فوتبال
calciatore (m)	futbālist	فوتبالیست
portiere (m)	darvāze bān	دروازه بان
hockey (m)	hāki	هاکی
hockeista (m)	hāki-ye bāz	هاکی باز
pallavolo (m)	vālibāl	والیبال
pallavolista (m)	vālibālist	والیبالیست
pugilato (m)	boks	بوکس
pugile (m)	boksor	بوکسور
lotta (f)	kešti	کشتی
lottatore (m)	košti gir	کشتی گیر
karate (m)	kārāte	کاراته
karateka (m)	kārāte-e bāz	کاراته باز
judo (m)	jodo	جودو
judoista (m)	jodo bāz	جودو باز
tennis (m)	tenis	تنیس
tennista (m)	tenis bāz	تنیس باز
nuoto (m)	šenā	شنا
nuotatore (m)	šenāgar	شناگر
scherma (f)	šamširbāzi	شمشیربازی
schermitore (m)	šamširbāz	شمشیرباز
scacchi (m pl)	šatranj	شطرنج
scacchista (m)	šatranj bāz	شطرنج باز
alpinismo (m)	kuhnavardi	کوهنوردی
alpinista (m)	kuhnavard	کوهنورد
corsa (f)	do	دو

corridore (m)	davande	دونده
atletica (f) leggera	varzeš	ورزش
atleta (m)	varzeškār	ورزشکار
ippica (f)	asb savāri	اسب سواری
fantino (m)	savārkār	سوارکار
pattinaggio (m) artistico	raqs ruy yax	رقص روی یخ
pattinatore (m)	eskeyt bāz	اسکیت باز
pattinatrice (f)	eskeyt bāz	اسکیت باز
pesistica (f)	vazne bardār-i	وزنه برداری
pesista (m)	vazne bardār	وزنه بردار
automobilismo (m)	mosābeqe-ye otomobilrāni	مسابقهٔ اتومبیلرانی
pilota (m)	otomobilrān	اتومبیلران
ciclismo (m)	dočarxe savāri	دوچرخه سواری
ciclista (m)	dočarxe savār	دوچرخه سوار
salto (m) in lungo	pareš-e tul	پرش طول
salto (m) con l'asta	pareš bā neyze	پرش با نیزه
saltatore (m)	pareš konande	پرش کننده

114. Tipi di sport. Varie

football (m) americano	futbāl-e āmrikāyi	فوتبال آمریکایی
badminton (m)	badminton	بدمینتون
biathlon (m)	biatlon	بیاتلون
biliardo (m)	bilyārd	بیلیارد
bob (m)	surtme	سورتمه
culturismo (m)	badansāzi	بدنسازی
pallanuoto (m)	vāterpolo	واترپولو
pallamano (m)	handbāl	هندبال
golf (m)	golf	گلف
canottaggio (m)	qāyeq rāni	قایق رانی
immersione (f) subacquea	dāyving	دایوینگ
sci (m) di fondo	eski-ye sahrānavardi	اسکی صحرانوردی
tennis (m) da tavolo	ping pong	پینگ پونگ
vela (f)	qāyeq-rāni bādbani	قایق رانی بادبانی
rally (m)	rāli	رالی
rugby (m)	rāgbi	راگبی
snowboard (m)	snowbord	اسنوبورد
tiro (m) con l'arco	tirandāzi bā kamān	تیراندازی با کمان

115. Palestra

bilanciere (m)	hālter	هالتر
manubri (m pl)	dambel	دمبل

attrezzo (m) sportivo	māšin-e tamrin	ماشین تمرین
cyclette (f)	dočarxe-ye tamrin	دوچرخه تمرین
tapis roulant (m)	pist-e do	پیست دو
sbarra (f)	bārfiks	بارفیکس
parallele (f pl)	pārālel	پارالل
cavallo (m)	xarak	خرک
materassino (m)	tošak	تشک
corda (f) per saltare	tanāb	طناب
aerobica (f)	āirobik	ایروبیک
yoga (m)	yugā	یوگا

116. Sport. Varie

Giochi (m pl) Olimpici	bāzihā-ye olampik	بازی‌های المپیک
vincitore (m)	barande	برنده
ottenere la vittoria	piruz šodan	پیروز شدن
vincere (vi)	piruz šodan	پیروز شدن
leader (m), capo (m)	rahbar	رهبر
essere alla guida	lider budan	لیدر بودن
primo posto (m)	rotbe-ye avval	رتبه اول
secondo posto (m)	rotbe-ye dovvom	رتبه دوم
terzo posto (m)	rotbe-ye sevvom	رتبه سوم
medaglia (f)	medāl	مدال
trofeo (m)	kāp	کاپ
coppa (f) (trofeo)	jām	جام
premio (m)	jāyeze	جایزه
primo premio (m)	jāyeze-ye asli	جایزهٔ اصلی
record (m)	rekord	رکورد
stabilire un record	rekord gozāštan	رکورد گذاشتن
finale (m)	fināl	فینال
finale (agg)	pāyāni	پایانی
campione (m)	qahremān	قهرمان
campionato (m)	mosābeqe-ye qahremāni	مسابقه قهرمانی
stadio (m)	varzešgāh	ورزشگاه
tribuna (f)	teribun	تریبون
tifoso, fan (m)	tarafdār	طرفدار
avversario (m)	raqib	رقیب
partenza (f)	šoru'	شروع
traguardo (m)	entehā	انتها
sconfitta (f)	šekast	شکست
perdere (vt)	bāxtan	باختن
arbitro (m)	dāvar	داور
giuria (f)	hey'at-e dāvarān	هیئت داوران

punteggio (m)	emtiyāz	امتیاز
pareggio (m)	mosāvi	مساوی
pareggiare (vi)	bāzi rā mosāvi kardan	بازی رامساوی کردن
punto (m)	emtiyāz	امتیاز
risultato (m)	natije	نتیجه
tempo (primo ~)	dowre	دوره
intervallo (m)	hāf tāym	هاف تایم
doping (m)	doping	دوپینگ
penalizzare (vt)	jarime kardan	جریمه کردن
squalificare (vt)	rad-e salāhiyat kardan	رد صلاحیت کردن
attrezzatura (f)	asbāb	اسباب
giavellotto (m)	neyze	نیزه
peso (m) (sfera metallica)	vazne	وزنه
biglia (f) (palla)	tup	توپ
obiettivo (m)	hadaf	هدف
bersaglio (m)	nešangah	نشانگاه
sparare (vi)	tirandāzi kardan	تیراندازی کردن
preciso (agg)	dorost	درست
allenatore (m)	morabbi	مربی
allenare (vt)	tamrin dādan	تمرین دادن
allenarsi (vr)	tamrin kardan	تمرین کردن
allenamento (m)	tamrin	تمرین
palestra (f)	sālon-e varzeš	سالن ورزش
esercizio (m)	tamrin	تمرین
riscaldamento (m)	garm kardan	گرم کردن

Istruzione

117. Scuola

scuola (f)	madrese	مدرسه
direttore (m) di scuola	modir-e madrese	مدیر مدرسه
allievo (m)	dāneš-āmuz	دانش آموز
allieva (f)	dāneš-āmuz	دانش آموز
scolaro (m)	dāneš-āmuz	دانش آموز
scolara (f)	dāneš-āmuz	دانش آموز
insegnare (qn)	āmuxtan	آموختن
imparare (una lingua)	yād gereftan	یاد گرفتن
imparare a memoria	az hefz kardan	از حفظ کردن
studiare (vi)	yād gereftan	یاد گرفتن
frequentare la scuola	tahsil kardan	تحصیل کردن
andare a scuola	madrese raftan	مدرسه رفتن
alfabeto (m)	alefbā	الفبا
materia (f)	mabhas	مبحث
classe (f)	kelās	کلاس
lezione (f)	dars	درس
ricreazione (f)	zang-e tafrih	زنگ تفریح
campanella (f)	zang	زنگ
banco (m)	miz-e tahrir	میز تحریر
lavagna (f)	taxte-ye siyāh	تخته سیاه
voto (m)	nomre	نمره
voto (m) alto	nomre-ye xub	نمرهٔ خوب
voto (m) basso	nomre-ye bad	نمرهٔ بد
dare un voto	nomre gozāštan	نمره گذاشتن
errore (m)	eštebāh	اشتباه
fare errori	eštebāh kardan	اشتباه کردن
correggere (vt)	eslāh kardan	اصلاح کردن
bigliettino (m)	taqallob	تقلب
compiti (m pl)	taklif manzel	تکلیف منزل
esercizio (m)	tamrin	تمرین
essere presente	hozur dāštan	حضور داشتن
essere assente	qāyeb budan	غایب بودن
mancare le lezioni	az madrese qāyeb budan	ازمدرسه غایب بودن
punire (vt)	tanbih kardan	تنبیه کردن
punizione (f)	tanbih	تنبیه
comportamento (m)	raftār	رفتار

pagella (f)	gozāreš-e ruzāne	گزارش روزانه
matita (f)	medād	مداد
gomma (f) per cancellare	pāk kon	پاک کن
gesso (m)	gač	گچ
astuccio (m) portamatite	qalamdān	قلمدان
cartella (f)	kif madrese	کیف مدرسه
penna (f)	xodkār	خودکار
quaderno (m)	daftar	دفتر
manuale (m)	ketāb-e darsi	کتاب درسی
compasso (m)	pargār	پرگار
disegnare (tracciare)	rasm kardan	رسم کردن
disegno (m) tecnico	rasm-e fani	رسم فنی
poesia (f)	še'r	شعر
a memoria	az hefz	از حفظ
imparare a memoria	az hefz kardan	از حفظ کردن
vacanze (f pl) scolastiche	ta'tilāt	تعطیلات
essere in vacanza	dar ta'tilāt budan	در تعطیلات بودن
passare le vacanze	ta'tilāt rā gozarāndan	تعطیلات را گذراندن
prova (f) scritta	emtehān	امتحان
composizione (f)	enšā'	انشاء
dettato (m)	dikte	دیکته
esame (m)	emtehān	امتحان
sostenere un esame	emtehān dādan	امتحان دادن
esperimento (m)	āzmāyeš	آزمایش

118. Istituto superiore. Università

accademia (f)	farhangestān	فرهنگستان
università (f)	dānešgāh	دانشگاه
facoltà (f)	dāneškade	دانشکده
studente (m)	dānešju	دانشجو
studentessa (f)	dānešju	دانشجو
docente (m, f)	ostād	استاد
aula (f)	kelās	کلاس
diplomato (m)	fāreqottahsil	فارغ التحصیل
diploma (m)	diplom	دیپلم
tesi (f)	pāyān nāme	پایان نامه
ricerca (f)	tahqiqe elmi	تحقیق علمی
laboratorio (m)	āzmāyešgāh	آزمایشگاه
lezione (f)	soxanrāni	سخنرانی
compagno (m) di corso	ha mdowre i	هم دوره ای
borsa (f) di studio	burse tahsili	بورس تحصیلی
titolo (m) accademico	daraje-ye elmi	درجهٔ علمی

119. Scienze. Discipline

matematica (f)	riyāziyāt	ریاضیات
algebra (f)	jabr	جبر
geometria (f)	hendese	هندسه
astronomia (f)	setāre-šenāsi	ستاره شناسی
biologia (f)	zist-šenāsi	زیست شناسی
geografia (f)	joqrāfiyā	جغرافیا
geologia (f)	zamin-šenāsi	زمین شناسی
storia (f)	tārix	تاریخ
medicina (f)	pezeški	پزشکی
pedagogia (f)	olume tarbiyati	علوم تربیتی
diritto (m)	hoquq	حقوق
fisica (f)	fizik	فیزیک
chimica (f)	šimi	شیمی
filosofia (f)	falsafe	فلسفه
psicologia (f)	ravānšenāsi	روانشناسی

120. Sistema di scrittura. Ortografia

grammatica (f)	gerāmer	گرامر
lessico (m)	vājegān	واژگان
fonetica (f)	sadā-šenāsi	صداشناسی
sostantivo (m)	esm	اسم
aggettivo (m)	sefat	صفت
verbo (m)	fe'l	فعل
avverbio (m)	qeyd	قید
pronome (m)	zamir	ضمیر
interiezione (f)	harf-e nedā	حرف ندا
preposizione (f)	harf-e ezāfe	حرف اضافه
radice (f)	riše-ye kalame	ریشه کلمه
desinenza (f)	pasvand	پسوند
prefisso (m)	pišvand	پیشوند
sillaba (f)	hejā	هجا
suffisso (m)	pasvand	پسوند
accento (m)	fešar-e hejā	فشار هجا
apostrofo (m)	āpostrof	آپوستروف
punto (m)	noqte	نقطه
virgola (f)	virgul	ویرگول
punto (m) e virgola	noqte virgul	نقطه ویرگول
due punti	donoqte	دونقطه
puntini di sospensione	čand noqte	چند نقطه
punto (m) interrogativo	alāmat-e soāl	علامت سؤال
punto (m) esclamativo	alāmat-e taajjob	علامت تعجب

virgolette (f pl)	giyume	گیومه
tra virgolette	dar giyume	در گیومه
parentesi (f pl)	parāntez	پرانتز
tra parentesi	dar parāntez	در پرانتز
trattino (m)	xatt-e vāsel	خط واصل
lineetta (f)	xatt-e tire	خط تیره
spazio (m) (tra due parole)	fāsele	فاصله
lettera (f)	harf	حرف
lettera (f) maiuscola	harf-e bozorg	حرف بزرگ
vocale (f)	sedādār	صدادار
consonante (f)	sāmet	صامت
proposizione (f)	jomle	جمله
soggetto (m)	nahād	نهاد
predicato (m)	gozāre	گزاره
riga (f)	satr	سطر
a capo	sar-e satr	سر سطر
capoverso (m)	band	بند
parola (f)	kalame	کلمه
gruppo (m) di parole	ebārat	عبارت
espressione (f)	bayān	بیان
sinonimo (m)	moterādef	مترادف
antonimo (m)	motezād	متضاد
regola (f)	qā'ede	قاعده
eccezione (f)	estesnā	استثنا
giusto (corretto)	sahih	صحیح
coniugazione (f)	sarf	صرف
declinazione (f)	sarf-e kalemāt	صرف کلمات
caso (m) nominativo	hālat	حالت
domanda (f)	soāl	سؤال
sottolineare (vt)	xatt kešidan	خط کشیدن
linea (f) tratteggiata	noqte čin	نقطه چین

121. Lingue straniere

lingua (f)	zabān	زبان
straniero (agg)	xāreji	خارجی
lingua (f) straniera	zabān-e xāreji	زبان خارجی
studiare (vt)	dars xāndan	درس خواندن
imparare (una lingua)	yād gereftan	یاد گرفتن
leggere (vi, vt)	xāndan	خواندن
parlare (vi, vt)	harf zadan	حرف زدن
capire (vt)	fahmidan	فهمیدن
scrivere (vi, vt)	neveštan	نوشتن
rapidamente	sari'	سریع
lentamente	āheste	آهسته

correntemente	ravān	روان
regole (f pl)	qavā'ed	قواعد
grammatica (f)	gerāmer	گرامر
lessico (m)	vājegān	واژگان
fonetica (f)	āvā-šenāsi	آواشناسی
manuale (m)	ketāb-e darsi	کتاب درسی
dizionario (m)	farhang-e loqat	فرهنگ لغت
manuale (m) autodidattico	xod-āmuz	خودآموز
frasario (m)	ketāb-e mokāleme	کتاب مکالمه
cassetta (f)	kāst	کاست
videocassetta (f)	kāst-e video	کاست ویدئو
CD (m)	si-di	سیدی
DVD (m)	dey vey dey	دی وی دی
alfabeto (m)	alefbā	الفبا
compitare (vt)	heji kardan	هجی کردن
pronuncia (f)	talaffoz	تلفظ
accento (m)	lahje	لهجه
con un accento	bā lahje	با لهجه
senza accento	bi lahje	بی لهجه
vocabolo (m)	kalame	کلمه
significato (m)	ma'ni	معنی
corso (m) (~ di francese)	dowre	دوره
iscriversi (vr)	nām-nevisi kardan	نام نویسی کردن
insegnante (m, f)	ostād	استاد
traduzione (f) (fare una ~)	tarjome	ترجمه
traduzione (f) (un testo)	tarjome	ترجمه
traduttore (m)	motarjem	مترجم
interprete (m)	motarjem-e šafāhi	مترجم شفاهی
poliglotta (m)	čand zabāni	چند زبانی
memoria (f)	hāfeze	حافظه

122. Personaggi delle fiabe

Babbo Natale (m)	bābā noel	بابا نوئل
Cenerentola (f)	sinderelā	سیندرلا
sirena (f)	pari-ye daryāyi	پری دریایی
Nettuno (m)	nepton	نپتون
mago (m)	sāher	ساحر
fata (f)	sāher	ساحر
magico (agg)	jāduyi	جادویی
bacchetta (f) magica	asā-ye sehrāmiz	عصای سحرآمیز
fiaba (f), favola (f)	afsāne	افسانه
miracolo (m)	mo'jeze	معجزه
nano (m)	kutule	کوتوله

trasformarsi in ...	tabdil šodan	تبدیل شدن
fantasma (m)	šabah	شبح
spettro (m)	šabah	شبح
mostro (m)	qul	غول
drago (m)	eždehā	اژدها
gigante (m)	qul	غول

123. Segni zodiacali

Ariete (m)	borj-e haml	برج حمل
Toro (m)	borj-e sowr	برج ثور
Gemelli (m pl)	borj-e jowzā	برج جوزا
Cancro (m)	saratān	سرطان
Leone (m)	šir	شیر
Vergine (f)	borj-e sonbole	برج سنبله
Bilancia (f)	borj-e mizān	برج میزان
Scorpione (m)	borj-e aqrab	برج عقرب
Sagittario (m)	borj-e qows	برج قوس
Capricorno (m)	borj-e jeddi	برج جدی
Acquario (m)	borj-e dalow	برج دلو
Pesci (m pl)	borj-e hut	برج حوت
carattere (m)	šaxsiyat	شخصیت
tratti (m pl) del carattere	xosusiyāt-e axlāqi	خصوصیات اخلاقی
comportamento (m)	raftār	رفتار
predire il futuro	fāl gereftan	فال گرفتن
cartomante (f)	fālgir	فالگیر
oroscopo (m)	tāleʿ bini	طالع بینی

Arte

124. Teatro

teatro (m)	teātr	تئاتر
opera (f)	operā	اپرا
operetta (f)	operā-ye kučak	اپرای کوچک
balletto (m)	bāle	باله
cartellone (m)	e'lān-e namāyeš	اعلان نمایش
compagnia (f) teatrale	hey'at honarpišegān	هیئت هنرپیشگان
tournée (f)	safar	سفر
andare in tourn?e	dar tur budan	در تور بودن
fare le prove	tamrin kardan	تمرین کردن
prova (f)	tamrin	تمرین
repertorio (m)	roperator	رپراتور
rappresentazione (f)	namāyeš	نمایش
spettacolo (m)	namāyeš	نمایش
opera (f) teatrale	namāyeš nāme	نمایش نامه
biglietto (m)	belit	بلیط
botteghino (m)	belit-foruši	بلیت فروشی
hall (f)	lābi	لابی
guardaroba (f)	komod-e lebās	کمد لباس
cartellino (m) del guardaroba	žeton	ژتون
binocolo (m)	durbin	دوربین
maschera (f)	rāhnamā	راهنما
platea (f)	sandali-ye orkestr	صندلی ارکستر
balconata (f)	bālkon	بالکن
prima galleria (f)	bālkon-e avval	بالکن اول
palco (m)	jāygāh-e vižhe	جایگاه ویژه
fila (f)	radif	ردیف
posto (m)	jā	جا
pubblico (m)	hozzār	حضار
spettatore (m)	tamāšāči	تماشاچی
battere le mani	kaf zadan	کف زدن
applauso (m)	tašviq	تشویق
ovazione (f)	šādi-va sorur	شادی و سرور
palcoscenico (m)	sahne	صحنه
sipario (m)	parde	پرده
scenografia (f)	sahne	صحنه
quinte (f pl)	pošt-e sahne	پشت صحنه
scena (f) (l'ultima ~)	sahne	صحنه
atto (m)	parde	پرده
intervallo (m)	ānterākt	آنتراکت

125. Cinema

attore (m)	bāzigar	بازیگر
attrice (f)	bāzigar	بازیگر
cinema (m) (industria)	sinamā	سینما
film (m)	film	فیلم
puntata (f)	qesmat	قسمت
film (m) giallo	film-e polisi	فیلم پلیسی
film (m) d'azione	film-e akšen	فیلم اکشن
film (m) d'avventure	film-e mājarāyi	فیلم ماجرایی
film (m) di fantascienza	film-e elmi-ye taxayyoli	فیلم علمی تخیلی
film (m) d'orrore	film-e tarsnāk	فیلم ترسناک
film (m) comico	komedi	کمدی
melodramma (m)	meloderām	ملودرام
dramma (m)	derām	درام
film (m) a soggetto	film-e honari	فیلم هنری
documentario (m)	film-e mostanad	فیلم مستند
cartoni (m pl) animati	kārton	کارتون
cinema (m) muto	film-e sāmet	فیلم صامت
parte (f)	naqš	نقش
parte (f) principale	naqš-e asli	نقش اصلی
recitare (vi, vt)	bāzi kardan	بازی کردن
star (f), stella (f)	setāre-ye sinamā	ستارهٔ سینما
noto (agg)	mašhur	مشهور
famoso (agg)	mašhur	مشهور
popolare (agg)	saršenās	سرشناس
sceneggiatura (m)	senāriyo	سناریو
sceneggiatore (m)	senārist	سناریست
regista (m)	kārgardān	کارگردان
produttore (m)	tahiye konande	تهیه کننده
assistente (m)	dastyār	دستیار
cameraman (m)	filmbardār	فیلمبردار
cascatore (m)	badalkār	بدلکار
controfigura (f)	dublur	دوبلور
girare un film	film gereftan	فیلم گرفتن
provino (m)	test	تست
ripresa (f)	film bardār-i	فیلم برداری
troupe (f) cinematografica	goruh film bar dār-i	گروه فیلم برداری
set (m)	mahal film bar dār-i	محل فیلم برداری
cinepresa (f)	durbin	دوربین
cinema (m) (~ all'aperto)	sinamā	سینما
schermo (m)	parde	پرده
proiettare un film	film-e nešān dādan	فیلم نشان دادن
colonna (f) sonora	musiqi-ye matn	موسیقی متن
effetti (m pl) speciali	jelvehā-ye vižhe	جلوه های ویژه

sottotitoli (m pl)	zirnevis	زیرنویس
titoli (m pl) di coda	titrāj	تیتراژ
traduzione (f)	tarjome	ترجمه

126. Pittura

arte (f)	honar	هنر
belle arti (f pl)	honarhā-ye zibā	هنرهای زیبا
galleria (f) d'arte	gāleri-ye honari	گالری هنری
mostra (f)	namāyešgāh-e honari	نمایشگاه هنری
pittura (f)	naqqāši	نقاشی
grafica (f)	honar-e gerāfik	هنر گرافیک
astrattismo (m)	honar-e ābestre	هنر آبستره
impressionismo (m)	ampersiyonism	امپرسیونیسم
quadro (m)	tasvir	تصویر
disegno (m)	naqqāši	نقاشی
cartellone, poster (m)	poster	پوستر
illustrazione (f)	tasvir	تصویر
miniatura (f)	minyātor	مینیاتور
copia (f)	nosxe	نسخه
riproduzione (f)	taksir	تکثیر
mosaico (m)	muzāik	موزائیک
vetrata (f)	naqqāši ruy šiše	نقاشی روی شیشه
affresco (m)	naqqāši ruy gač	نقاشی روی گچ
incisione (f)	gerāvur	گراور
busto (m)	mojassame-ye nimtane	مجسمۀ نیم تنه
scultura (f)	mojassame sāz-i	مجسمه سازی
statua (f)	mojassame	مجسمه
gesso (m)	gač	گچ
in gesso	gači	گچی
ritratto (m)	temsāl	تمثال
autoritratto (m)	tasvir-e naqqāš	تصویر نقاش
paesaggio (m)	manzare	منظره
natura (f) morta	tabi'at-e bijān	طبیعت بیجان
caricatura (f)	kārikātor	کاریکاتور
abbozzo (m)	tarh o moqaddamāti	طرح مقدماتی
colore (m)	rang	رنگ
acquerello (m)	āb-o rang	آب ورنگ
olio (m)	rowqan	روغن
matita (f)	medād	مداد
inchiostro (m) di china	morakkab	مرکب
carbone (m)	zoqāl	زغال
disegnare (a matita)	naqqāši kardan	نقاشی کردن
dipingere (un quadro)	naqqāši kardan	نقاشی کردن
posare (vi)	žest gereftan	ژست گرفتن
modello (m)	model-e naqqāši	مدل نقاشی

modella (f)	model-e naqqāši	مدل نقاشی
pittore (m)	naqqāš	نقاش
opera (f) d'arte	asar-e honari	اثر هنری
capolavoro (m)	šāhkār	شاهکار
laboratorio (m) (di artigiano)	kārgāh	کارگاه
tela (f)	bum-e naqāši	بوم نقاشی
cavalletto (m)	sepāye-ye naqqāši	سه پایهٔ نقاشی
tavolozza (f)	taxte-ye rang	تختهٔ رنگ
cornice (f) (~ di un quadro)	qāb	قاب
restauro (m)	maremmat	مرمت
restaurare (vt)	marammat kardan	مرمت کردن

127. Letteratura e poesia

letteratura (f)	adabiyāt	ادبیات
autore (m)	moallef	مؤلف
pseudonimo (m)	taxallos	تخلص
libro (m)	ketāb	کتاب
volume (m)	jeld	جلد
sommario (m), indice (m)	fehrest	فهرست
pagina (f)	safhe	صفحه
protagonista (m)	qahremān-e asli	قهرمان اصلی
autografo (m)	dast-e xat	دست خط
racconto (m)	hekāyat	حکایت
romanzo (m) breve	dāstān	داستان
romanzo (m)	ramān	رمان
opera (f) (~ letteraria)	ta'lif	تألیف
favola (f)	afsāne	افسانه
giallo (m)	dastane jenai	داستان جنایی
verso (m)	še'r	شعر
poesia (f) (~ lirica)	še'r	شعر
poema (m)	še'r	شعر
poeta (m)	šā'er	شاعر
narrativa (f)	dāstān	داستان
fantascienza (f)	elmi-ye taxayyoli	علمی تخیلی
avventure (f pl)	sargozašt	سرگذشت
letteratura (f) formativa	adabiyāt-e āmuzeši	ادبیات آموزشی
libri (m pl) per l'infanzia	adabiyāt-e kudak	ادبیات کودک

128. Circo

circo (m)	sirak	سیرک
tendone (m) del circo	sirak-e sayār	سیرک سیار
programma (m)	barnāme	برنامه
spettacolo (m)	namāyeš	نمایش
numero (m)	parde	پرده

arena (f)	sahne-ye sirak	صحنه سیرک
pantomima (m)	pāntomim	پانتومیم
pagliaccio (m)	dalqak	دلقک
acrobata (m)	ākrobāt	آکروبات
acrobatica (f)	band-e bāzi	بند بازی
ginnasta (m)	žiminăstik kār	ژیمناستیک کار
ginnastica (m)	žiminăstik	ژیمناستیک
salto (m) mortale	salto	سالتو
forzuto (m)	qavi heykal	قوی هیکل
domatore (m)	rām konande	رام کننده
cavallerizzo (m)	savārkār	سوارکار
assistente (m)	dastyār	دستیار
acrobazia (f)	širin kāri	شیرین کاری
gioco (m) di prestigio	šo'bade bāzi	شعبده بازی
prestigiatore (m)	šo'bade bāz	شعبده باز
giocoliere (m)	tardast	تردست
giocolare (vi)	tardasti kardan	تردستی کردن
ammaestratore (m)	morabbi-ye heyvānāt	مربی حیوانات
ammaestramento (m)	ta'lim heyvānāt	تعلیم حیوانات
ammaestrare (vt)	tarbiyat kardan	تربیت کردن

129. Musica. Musica pop

musica (f)	musiqi	موسیقی
musicista (m)	muzisiyan	موزیسین
strumento (m) musicale	abzār-e musiqi	ابزار موسیقی
suonare ...	navāxtan	نواختن
chitarra (f)	gitār	گیتار
violino (m)	viyolon	ویولن
violoncello (m)	viyolonsel	ویولن سل
contrabbasso (m)	konterbās	کونترباس
arpa (f)	čang	چنگ
pianoforte (m)	piyāno	پیانو
pianoforte (m) a coda	piyāno-e bozorg	پیانوی بزرگ
organo (m)	arg	ارگ
strumenti (m pl) a fiato	sāzhā-ye bādi	سازهای بادی
oboe (m)	abva	ابوا
sassofono (m)	saksofon	ساکسوفون
clarinetto (m)	qare ney	قره نی
flauto (m)	folut	فلوت
tromba (f)	šeypur	شیپور
fisarmonica (f)	ākordeon	آکوردئون
tamburo (m)	tabl	طبل
duetto (m)	daste-ye do nafare	دسته دو نفره
trio (m)	daste-ye se nafar-i	دستهٔ سه نفری

quartetto (m)	daste-ye čāhārnafari	دستهٔ چهارنفری
coro (m)	kar	کر
orchestra (f)	orkesr	ارکستر
musica (f) pop	musiqi-ye pāp	موسیقی پاپ
musica (f) rock	musiqi-ye rāk	موسیقی راک
gruppo (m) rock	goruh-e rāk	گروه راک
jazz (m)	jāz	جاز
idolo (m)	mahbub	محبوب
ammiratore (m)	havādār	هوادار
concerto (m)	konsert	کنسرت
sinfonia (f)	samfoni	سمفونی
composizione (f)	tasnif	تصنیف
comporre (vt), scrivere (vt)	tasnif kardan	تصنیف کردن
canto (m)	āvāz	آواز
canzone (f)	tarāne	ترانه
melodia (f)	āhang	آهنگ
ritmo (m)	ritm	ریتم
blues (m)	musiqi-ye boluz	موسیقی بلوز
note (f pl)	daftar-e not	دفتر نت
bacchetta (f)	čub-e rahbari	چوب رهبری
arco (m)	āršе	آرشه
corda (f)	sim	سیم
custodia (f) (~ della chitarra)	qalāf	غلاف

Ristorante. Intrattenimento. Viaggi

130. Escursione. Viaggio

turismo (m)	gardešgari	گردشگری
turista (m)	turist	توریست
viaggio (m) (all'estero)	mosāferat	مسافرت
avventura (f)	mājarā	ماجرا
viaggio (m) (corto)	safar	سفر
vacanza (f)	moraxxasi	مرخصی
essere in vacanza	dar moraxassi budan	در مرخصی بودن
riposo (m)	esterāhat	استراحت
treno (m)	qatār	قطار
in treno	bā qatār	با قطار
aereo (m)	havāpeymā	هواپیما
in aereo	bā havāpeymā	با هواپیما
in macchina	bā otomobil	با اتومبیل
in nave	dar kešti	با کشتی
bagaglio (m)	bār	بار
valigia (f)	čamedān	چمدان
carrello (m)	čarx-e hamle bar	چرخ حمل بار
passaporto (m)	gozarnāme	گذرنامه
visto (m)	ravādid	روادید
biglietto (m)	belit	بلیط
biglietto (m) aereo	belit-e havāpeymā	بلیط هواپیما
guida (f)	ketāb-e rāhnamā	کتاب راهنما
carta (f) geografica	naqše	نقشه
località (f)	mahal	محل
luogo (m)	jā	جا
ogetti (m pl) esotici	qarāyeb	غرایب
esotico (agg)	qarib	غریب
sorprendente (agg)	heyrat angiz	حیرت انگیز
gruppo (m)	goruh	گروه
escursione (f)	gardeš	گردش
guida (f) (cicerone)	rāhnamā-ye tur	راهنمای تور

131. Hotel

albergo (m)	hotel	هتل
motel (m)	motel	متل
tre stelle	se setāre	سه ستاره

cinque stelle	panj setāre	پنج ستاره
alloggiare (vi)	māndan	ماندن
camera (f)	otāq	اتاق
camera (f) singola	otāq-e yeknafare	اتاق یک نفره
camera (f) doppia	otāq-e do nafare	اتاق دو نفره
prenotare una camera	otāq rezerv kardan	اتاق رزرو کردن
mezza pensione (f)	nim pānsiyon	نیم پانسیون
pensione (f) completa	pānsiyon	پانسیون
con bagno	bā vān	با وان
con doccia	bā duš	با دوش
televisione (f) satellitare	televiziyon-e māhvārei	تلویزیون ماهواره ای
condizionatore (m)	tahviye-ye matbu'	تهویه مطبوع
asciugamano (m)	howle	حوله
chiave (f)	kelid	کلید
amministratore (m)	edāre-ye konande	اداره کننده
cameriera (f)	mostaxdem	مستخدم
portabagagli (m)	bārbar	باربر
portiere (m)	darbān	دربان
ristorante (m)	resturān	رستوران
bar (m)	bār	بار
colazione (f)	sobhāne	صبحانه
cena (f)	šām	شام
buffet (m)	bufe	بوفه
hall (f) (atrio d'ingresso)	lābi	لابی
ascensore (m)	āsānsor	آسانسور
NON DISTURBARE	mozāhem našavid	مزاحم نشوید
VIETATO FUMARE!	sigār kešidan mamnu'	سیگار کشیدن ممنوع

132. Libri. Lettura

libro (m)	ketāb	کتاب
autore (m)	moallef	مؤلف
scrittore (m)	nevisande	نویسنده
scrivere (vi, vt)	neveštan	نوشتن
lettore (m)	xānande	خواننده
leggere (vi, vt)	xāndan	خواندن
lettura (f) (sala di ~)	motāle'e	مطالعه
in silenzio (leggere ~)	be ārāmi	به آرامی
ad alta voce	boland	بلند
pubblicare (vt)	montašer kardan	منتشر کردن
pubblicazione (f)	entešār	انتشار
editore (m)	nāšer	ناشر
casa (f) editrice	entešārāt	انتشارات
uscire (vi)	montašer šodan	منتشر شدن

uscita (f)	našr	نشر
tiratura (f)	tirāž	تیراژ
libreria (f)	ketāb-foruši	کتاب فروشی
biblioteca (f)	ketābxāne	کتابخانه
romanzo (m) breve	dāstān	داستان
racconto (m)	hekāyat	حکایت
romanzo (m)	ramān	رمان
giallo (m)	dastane jenai	داستان جنایی
memorie (f pl)	xāterāt	خاطرات
leggenda (f)	afsāne	افسانه
mito (m)	osture	اسطوره
poesia (f), versi (m pl)	še'r	شعر
autobiografia (f)	zendeginãme	زندگینامه
opere (f pl) scelte	āsār-e montaxab	آثار منتخب
fantascienza (f)	elmi-ye taxayyoli	علمی تخیلی
titolo (m)	onvān	عنوان
introduzione (f)	moqaddame	مقدمه
frontespizio (m)	safhe-ye onvān	صفحه عنوان
capitolo (m)	fasl	فصل
frammento (m)	gozide	گزیده
episodio (m)	qesmat	قسمت
soggetto (m)	suže	سوژه
contenuto (m)	mazmun	مضمون
sommario (m)	fehrest	فهرست
protagonista (m)	qahremān-e asli	قهرمان اصلی
volume (m)	jeld	جلد
copertina (f)	jeld	جلد
rilegatura (f)	sahhāfi	صحافی
segnalibro (m)	čub-e alef	چوب الف
pagina (f)	safhe	صفحه
sfogliare (~ le pagine)	varaq zadan	ورق زدن
margini (m pl)	hāšiye	حاشیه
annotazione (f)	hāšiye nevisi	حاشیه نویسی
nota (f) (a fondo pagina)	pāvaraqi	پاورقی
testo (m)	matn	متن
carattere (m)	font	فونت
refuso (m)	qalat čāpi	غلط چاپی
traduzione (f)	tarjome	ترجمه
tradurre (vt)	tarjome kardan	ترجمه کردن
originale (m) (leggere l'~)	nosxe-ye asli	نسخهٔ اصلی
famoso (agg)	mašhur	مشهور
sconosciuto (agg)	nāšenāxte	ناشناخته
interessante (agg)	jāleb	جالب
best seller (m)	por foruš	پر فروش

dizionario (m)	farhang-e loqat	فرهنگ لغت
manuale (m)	ketāb-e darsi	کتاب درسی
enciclopedia (f)	dāyeratolma'āref	دایره المعارف

133. Caccia. Pesca

caccia (f)	šekār	شکار
cacciare (vt)	šekār kardan	شکار کردن
cacciatore (m)	šekārči	شکارچی
sparare (vi)	tirandāzi kardan	تیراندازی کردن
fucile (m)	tofang	تفنگ
cartuccia (f)	fešang	فشنگ
pallini (m pl) da caccia	sāčme	ساچمه
tagliola (f) (~ per orsi)	tale	تله
trappola (f) (~ per uccelli)	dām	دام
cadere in trappola	dar tale oftādan	در تله افتادن
tendere una trappola	tale gozāštan	تله گذاشتن
bracconiere (m)	šekārči-ye qeyr-e qānuni	شکارچی غیر قانونی
cacciagione (m)	šekār	شکار
cane (m) da caccia	sag-e šekāri	سگ شکاری
safari (m)	safar-e ektešāfi āfriqā	سفر اکتشافی آفریقا
animale (m) impagliato	heyvān-e model	حیوان مدل
pescatore (m)	māhigir	ماهیگیر
pesca (f)	māhigiri	ماهیگیری
pescare (vi)	māhi gereftan	ماهی گرفتن
canna (f) da pesca	čub māhi gir-i	چوب ماهی گیری
lenza (f)	nax-e māhigiri	نخ ماهیگیری
amo (m)	qollāb	قلاب
galleggiante (m)	šenāvar	شناور
esca (f)	to'me	طعمه
lanciare la canna	qollāb andāxtan	قلاب انداختن
abboccare (pesce)	gāz gereftan	گاز گرفتن
pescato (m)	seyd	صید
buco (m) nel ghiaccio	surāx dar yax	سوراخ دریخ
rete (f)	tur	تور
barca (f)	qāyeq	قایق
prendere con la rete	bā tur-e māhi gereftan	با تورماهی گرفتن
gettare la rete	tur andāxtan	تور انداختن
tirare le reti	tur rā birun āvardan	تور را بیرون آوردن
cadere nella rete	be tur oftādan	به تور افتادن
baleniere (m)	seyād-e nahang	صیاد نهنگ
baleniera (f) (nave)	kešti-ye seyd-e nahang	کشتی صید نهنگ
rampone (m)	neyze	نیزه

134. Ciochi. Biliardo

biliardo (m)	bilyārd	بیلیارد
sala (f) da biliardo	otāq-e bilyārd	اتاق بیلیارد
bilia (f)	tup	توپ
imbucare (vt)	tup vāred-e pākat kardan	توپ وارد پاکت کردن
stecca (f) da biliardo	čub-e bilyārd	چوب بیلیارد
buca (f)	pākat	پاکت

135. Giochi. Carte da gioco

quadri (m pl)	xešt	خشت
picche (f pl)	peyk	پیک
cuori (m pl)	del	دل
fiori (m pl)	xāj	خاج
asso (m)	tak xāl	تک خال
re (m)	šāh	شاه
donna (f)	bi bi	بی بی
fante (m)	sarbāz	سرباز
carta (f) da gioco	varaq	ورق
carte (f pl)	varaq	ورق
briscola (f)	xāl-e hokm	خال حکم
mazzo (m) di carte	daste-ye varaq	دستهٔ ورق
punto (m)	xāl	خال
dare le carte	varaq dādan	ورق دادن
mescolare (~ le carte)	bar zadan	بر زدن
turno (m)	harekat	حرکت
baro (m)	moteqalleb	متقلب

136. Riposo. Giochi. Varie

passeggiare (vi)	gardeš kardan	گردش کردن
passeggiata (f)	gardeš	گردش
gita (f)	siyāhat	سیاحت
avventura (f)	mājarā	ماجرا
picnic (m)	pik nik	پیک نیک
gioco (m)	bāzi	بازی
giocatore (m)	bāzikon	بازیکن
partita (f) (~ a scacchi)	dor-e bazi	دوربازی
collezionista (m)	kolleksiyoner	کلکسیونر
collezionare (vt)	jam'-e āvari kardan	جمع آوری کردن
collezione (f)	koleksiyon	کلکسیون
cruciverba (m)	kalamāt-e moteqāte'	کلمات متقاطع
ippodromo (m)	meydān-e asb-e davāni	میدان اسب دوانی

discoteca (f)	disko	دیسکو
sauna (f)	sonā	سونا
lotteria (f)	baxt-e āzmāyi	بخت آزمایی
campeggio (m)	rāh peymāyi	راه پیمایی
campo (m)	ordugāh	اردوگاه
tenda (f) da campeggio	čādor	چادر
bussola (f)	qotb namā	قطب نما
campeggiatore (m)	kamp nešin	کمپ نشین
guardare (~ un film)	tamāšā kardan	تماشا کردن
telespettatore (m)	tamāšāči	تماشاچی
trasmissione (f)	barnāme-ye televiziyoni	برنامه تلویزیونی

137. Fotografia

macchina (f) fotografica	durbin-e akkāsi	دوربین عکاسی
fotografia (f)	aks	عکس
fotografo (m)	akkās	عکاس
studio (m) fotografico	ātolye-ye akkāsi	آتلیهٔ عکاسی
album (m) di fotografie	ālbom-e aks	آلبوم عکس
obiettivo (m)	lenz-e durbin	لنز دوربین
teleobiettivo (m)	lenz-e tale-ye foto	لنز تله فوتو
filtro (m)	filter	فیلتر
lente (f)	lenz	لنز
ottica (f)	optik	اپتیک
diaframma (m)	diyāfrāgm	دیافراگم
tempo (m) di esposizione	sor'at-e bāz šodan-e lenz	سرعت بازشدن لنز
mirino (m)	namā yāb	نما یاب
fotocamera (f) digitale	durbin-e dijitāl	دوربین دیجیتال
cavalletto (m)	se pāye	سه پایه
flash (m)	feleš	فلش
fotografare (vt)	akkāsi kardan	عکاسی کردن
fare foto	aks gereftan	عکس گرفتن
fotografarsi	aks gereftan	عکس گرفتن
fuoco (m)	noqte-ye kānuni	نقطه کانونی
mettere a fuoco	motemarkez kardan	متمرکز کردن
nitido (agg)	vāzeh	واضح
nitidezza (f)	vozuh	وضوح
contrasto (m)	konterāst	کنتراست
contrastato (agg)	konterāst	کنتراست
foto (f)	aks	عکس
negativa (f)	film-e negātiv	فیلم نگاتیو
pellicola (f) fotografica	film	فیلم
fotogramma (m)	čārcub	چارچوب
stampare (~ le foto)	čāp kardan	چاپ کردن

138. Spiaggia. Nuoto

spiaggia (f)	pelāž	پلاژ
sabbia (f)	šen	شن
deserto (agg)	xāli	خالی
abbronzatura (f)	hammām-e āftāb	حمام آفتاب
abbronzarsi (vr)	hammām-e āftāb gereftan	حمام آفتاب گرفتن
abbronzato (agg)	boronze	برنزه
crema (f) solare	kerem-e zedd-e āftāb	کرم ضد آفتاب
bikini (m)	māyo-ye do tekke	مایوی دو تکه
costume (m) da bagno	māyo	مایو
slip (m) da bagno	māyo	مایو
piscina (f)	estaxr	استخر
nuotare (vi)	šenā kardan	شنا کردن
doccia (f)	duš	دوش
cambiarsi (~ i vestiti)	lebās avaz kardan	لباس عوض کردن
asciugamano (m)	howle	حوله
barca (f)	qāyeq	قایق
motoscafo (m)	qāyeq-e motori	قایق موتوری
sci (m) nautico	eski-ye ruy-ye āb	اسکی روی آب
pedalò (m)	qāyeq-e pedāli	قایق پدالی
surf (m)	mowj savāri	موج سواری
surfista (m)	mowj savār	موج سوار
autorespiratore (m)	eskowba	اسکوبا
pinne (f pl)	bālehā-ye qavvāsi	باله های غواصی
maschera (f)	māsk	ماسک
subacqueo (m)	qavvās	غواص
tuffarsi (vr)	širje raftan	شیرجه رفتن
sott'acqua	zir-e ābi	زیر آبی
ombrellone (m)	čatr	چتر
sdraio (f)	sandali-ye rāhati	صندلی راحتی
occhiali (m pl) da sole	eynak āftābi	عینک آفتابی
materasso (m) ad aria	tošak-e ābi	تشک آبی
giocare (vi)	bāzi kardan	بازی کردن
fare il bagno	ābtani kardan	آبتنی کردن
pallone (m)	tup	توپ
gonfiare (vt)	bād kardan	باد کردن
gonfiabile (agg)	bādi	بادی
onda (f)	mowj	موج
boa (f)	šenāvar	شناور
annegare (vi)	qarq šodan	غرق شدن
salvare (vt)	najāt dādan	نجات دادن
giubbotto (m) di salvataggio	jeliqe-ye nejāt	جلیقهٔ نجات
osservare (vt)	mošāhede kardan	مشاهده کردن
bagnino (m)	nejāt-e dahande	نجات دهنده

ATTREZZATURA TECNICA. MEZZI DI TRASPORTO

Attrezzatura tecnica

139. Computer

computer (m)	kāmpiyuter	کامپیوتر
computer (m) portatile	lap tāp	لپ تاپ
accendere (vt)	rowšan kardan	روشن کردن
spegnere (vt)	xāmuš kardan	خاموش کردن
tastiera (f)	sahfe kelid	صحفه کلید
tasto (m)	kelid	کلید
mouse (m)	māows	ماوس
tappetino (m) del mouse	māows pad	ماوس پد
tasto (m)	dokme	دکمه
cursore (m)	makān namā	مکان نما
monitor (m)	monitor	مونیتور
schermo (m)	safhe	صفحه
disco (m) rigido	hārd disk	هارد دیسک
spazio (m) sul disco rigido	hajm-e hard	حجم هارد
memoria (f)	hāfeze	حافظه
memoria (f) operativa	hāfeze-ye ram	حافظه رم
file (m)	parvande	پرونده
cartella (f)	puše	پوشه
aprire (vt)	bāz kardan	باز کردن
chiudere (vt)	bastan	بستن
salvare (vt)	zaxire kardan	ذخیره کردن
eliminare (vt)	hazf kardan	حذف کردن
copiare (vt)	kopi kardan	کپی کردن
ordinare (vt)	tabaqe bandi kardan	طبقه بندی کردن
trasferire (vt)	kopi kardan	کپی کردن
programma (m)	barnāme	برنامه
software (m)	narm afzār	نرم افزار
programmatore (m)	barnāme-ye nevis	برنامه نویس
programmare (vt)	barnāme-nevisi kardan	برنامه نویسی کردن
hacker (m)	haker	هکر
password (f)	kalame-ye obur	کلمه عبور
virus (m)	virus	ویروس
trovare (un virus, ecc.)	peydā kardan	پیدا کردن
byte (m)	bāyt	بایت

megabyte (m)	megābāyt	مگابایت
dati (m pl)	dāde-hā	داده ها
database (m)	pāygāh dāde-hā	پایگاه داده ها
cavo (m)	kābl	کابل
sconnettere (vt)	jodā kardan	جدا کردن
collegare (vt)	vasl kardan	وصل کردن

140. Internet. Posta elettronica

internet (f)	internet	اینترنت
navigatore (m)	morurgar	مرورگر
motore (m) di ricerca	motor-e jostoju	موتور جستجو
provider (m)	erāe-ye dehande	ارائه دهنده
webmaster (m)	tarrāh-e vebsāyt	طراح وب سایت
sito web (m)	veb-sāyt	وب سایت
pagina web (f)	safhe-ye veb	صفحه وب
indirizzo (m)	nešāni	نشانی
rubrica (f) indirizzi	daftarče-ye nešāni	دفترچه نشانی
casella (f) di posta	sanduq-e post	صندوق پست
posta (f)	post	پست
troppo piena (agg)	por	پر
messaggio (m)	payām	پیام
messaggi (m pl) in arrivo	payāmhā-ye vorudi	پیامهای ورودی
messaggi (m pl) in uscita	payāmhā-ye xoruji	پیامهای خروجی
mittente (m)	ferestande	فرستنده
inviare (vt)	ferestādan	فرستادن
invio (m)	ersāl	ارسال
destinatario (m)	girande	گیرنده
ricevere (vt)	gereftan	گرفتن
corrispondenza (f)	mokātebe	مکاتبه
essere in corrispondenza	mokātebe kardan	مکاتبه کردن
file (m)	parvande	پرونده
scaricare (vt)	dānlod kardan	دانلود کردن
creare (vt)	ijād kardan	ایجاد کردن
eliminare (vt)	hazf kardan	حذف کردن
eliminato (agg)	hazf šode	حذف شده
connessione (f)	ertebāt	ارتباط
velocità (f)	sor'at	سرعت
modem (m)	modem	مودم
accesso (m)	dastyābi	دستیابی
porta (f)	dargāh	درگاه
collegamento (m)	ertebāt	ارتباط
collegarsi a ...	vasl šodan	وصل شدن

sceglierе (vt)	entexāb kardan	انتخاب کردن
cercare (vt)	jostoju kardan	جستجو کردن

Mezzi di trasporto

141. Aeroplano

aereo (m)	havāpeymā	هواپیما
biglietto (m) aereo	belit-e havāpeymā	بلیط هواپیما
compagnia (f) aerea	šerkat-e havāpeymāyi	شرکت هواپیمایی
aeroporto (m)	forudgāh	فرودگاه
supersonico (agg)	māvarā sowt	ماوراء صوت
comandante (m)	kāpitān	کاپیتان
equipaggio (m)	xadame	خدمه
pilota (m)	xalabān	خلبان
hostess (f)	mehmāndār-e havāpeymā	مهماندار هواپیما
navigatore (m)	nāvbar	ناوبر
ali (f pl)	bāl-hā	بال ها
coda (f)	dam	دم
cabina (f)	kābin	کابین
motore (m)	motor	موتور
carrello (m) d'atterraggio	šāssi	شاسی
turbina (f)	turbin	توربین
elica (f)	parvāne	پروانه
scatola (f) nera	ja'be-ye siyāh	جعبه سیاه
barra (f) di comando	farmān	فرمان
combustibile (m)	suxt	سوخت
safety card (f)	dasturol'amal	دستورالعمل
maschera (f) ad ossigeno	māsk-e oksižen	ماسک اکسیژن
uniforme (f)	oniform	اونیفورم
giubbotto (m) di salvataggio	jeliqe-ye nejāt	جلیقهٔ نجات
paracadute (m)	čatr-e nejāt	چترنجات
decollo (m)	parvāz	پرواز
decollare (vi)	parvāz kardan	پرواز کردن
pista (f) di decollo	bānd-e forudgāh	باند فرودگاه
visibilità (f)	meydān did	میدان دید
volo (m)	parvāz	پرواز
altitudine (f)	ertefā'	ارتفاع
vuoto (m) d'aria	čāle-ye havāyi	چاله هوایی
posto (m)	jā	جا
cuffia (f)	guši	گوشی
tavolinetto (m) pieghevole	sini-ye tāšow	سینی تاشو
oblò (m), finestrino (m)	panjere	پنجره
corridoio (m)	rāhrow	راهرو

142. Treno

treno (m)	qatār	قطار
elettrotreno (m)	qatār-e barqi	قطار برقی
treno (m) rapido	qatār-e sari'osseyr	قطارسریع السیر
locomotiva (f) diesel	lokomotiv-e dizel	لوکوموتیو دیزل
locomotiva (f) a vapore	lokomotiv-e boxar	لوکوموتیو بخار
carrozza (f)	vāgon	واگن
vagone (m) ristorante	vāgon-e resturān	واگن رستوران
rotaie (f pl)	reyl-hā	ریل ها
ferrovia (f)	rāh āhan	راه آهن
traversa (f)	reyl-e band	ریل بند
banchina (f) (~ ferroviaria)	sakku-ye rāh-āhan	سکوی راه آهن
binario (m) (~ 1, 2)	masir	مسیر
semaforo (m)	nešanar	نشانبر
stazione (f)	istgāh	ایستگاه
macchinista (m)	rānande	راننده
portabagagli (m)	bārbar	باربر
cuccettista (m, f)	rāhnamā-ye qatār	راهنمای قطار
passeggero (m)	mosāfer	مسافر
controllore (m)	kontorol či	کنترل چی
corridoio (m)	rāhrow	راهرو
freno (m) di emergenza	tormoz-e ezterāri	ترمز اضطراری
scompartimento (m)	kupe	کوپه
cuccetta (f)	taxt-e kupe	تخت کوپه
cuccetta (f) superiore	taxt-e bālā	تخت بالا
cuccetta (f) inferiore	taxt-e pāyin	تخت پایین
biancheria (f) da letto	raxt-e xāb	رخت خواب
biglietto (m)	belit	بلیط
orario (m)	barnāme	برنامه
tabellone (m) orari	barnāme-ye zamāni	برنامه زمانی
partire (vi)	tark kardan	ترک کردن
partenza (f)	harekat	حرکت
arrivare (di un treno)	residan	رسیدن
arrivo (m)	vorud	ورود
arrivare con il treno	bā qatār āmadan	با قطار آمدن
salire sul treno	savār-e qatār šodan	سوار قطار شدن
scendere dal treno	az qatār piyāde šodan	از قطار پیاده شدن
deragliamento (m)	sānehe	سانحه
deragliare (vi)	az xat xārej šodan	از خط خارج شدن
locomotiva (f) a vapore	lokomotiv-e boxar	لوکوموتیو بخار
fuochista (m)	ātaškār	آتشکار
forno (m)	ātašdān	آتشدان
carbone (m)	zoqāl sang	زغال سنگ

143. Nave

nave (f)	kešti	کشتی
imbarcazione (f)	kešti	کشتی
piroscafo (m)	kešti-ye boxāri	کشتی بخاری
barca (f) fluviale	qāyeq-e rudxāne	قایق رودخانه
transatlantico (m)	kešti-ye tafrihi	کشتی تفریحی
incrociatore (m)	razm nāv	رزم ناو
yacht (m)	qāyeq-e tafrihi	قایق تفریحی
rimorchiatore (m)	yadak keš	یدک کش
chiatta (f)	kešti-ye bārkeše yadaki	کشتی بارکش یدکی
traghetto (m)	kešti-ye farābar	کشتی فرابر
veliero (m)	kešti-ye bādbāni	کشتی بادبانی
brigantino (m)	košti dozdān daryā-yi	کشتی دزدان دریایی
rompighiaccio (m)	kešti-ye yaxšekan	کشتی یخ شکن
sottomarino (m)	zirdaryāyi	زیردریایی
barca (f)	qāyeq	قایق
scialuppa (f)	qāyeq-e tafrihi	قایق تفریحی
scialuppa (f) di salvataggio	qāyeq-e nejāt	قایق نجات
motoscafo (m)	qāyeq-e motori	قایق موتوری
capitano (m)	kāpitān	کاپیتان
marittimo (m)	malavān	ملوان
marinaio (m)	malavān	ملوان
equipaggio (m)	xadame	خدمه
nostromo (m)	sar malavān	سر ملوان
mozzo (m) di nave	šāgerd-e malavān	شاگرد ملوان
cuoco (m)	āšpaz-e kešti	آشپز کشتی
medico (m) di bordo	pezešk-e kešti	پزشک کشتی
ponte (m)	arše-ye kešti	عرشهٔ کشتی
albero (m)	dakal	دکل
vela (f)	bādbān	بادبان
stiva (f)	anbār	انبار
prua (f)	sine-ye kešti	سینه کشتی
poppa (f)	aqab kešti	عقب کشتی
remo (m)	pāru	پارو
elica (f)	parvāne	پروانه
cabina (f)	otāq-e kešti	اتاق کشتی
quadrato (m) degli ufficiali	otāq-e afsarān	اتاق افسران
sala (f) macchine	motor xāne	موتور خانه
ponte (m) di comando	pol-e farmāndehi	پل فرماندهی
cabina (f) radiotelegrafica	kābin-e bisim	کابین بی سیم
onda (f)	mowj	موج
giornale (m) di bordo	roxdād nāme	رخداد نامه
cannocchiale (m)	teleskop	تلسکوپ
campana (f)	nāqus	ناقوس

bandiera (f)	parčam	پرچم
cavo (m) (~ d'ormeggio)	tanāb	طناب
nodo (m)	gereh	گره
ringhiera (f)	narde	نرده
passerella (f)	pol	پل
ancora (f)	langar	لنگر
levare l'ancora	langar kešidan	لنگر کشیدن
gettare l'ancora	langar andāxtan	لنگر انداختن
catena (f) dell'ancora	zanjir-e langar	زنجیر لنگر
porto (m)	bandar	بندر
banchina (f)	eskele	اسکله
ormeggiarsi (vr)	pahlu gereftan	پهلو گرفتن
salpare (vi)	tark kardan	ترک کردن
viaggio (m)	mosāferat	مسافرت
crociera (f)	safar-e daryāyi	سفر دریایی
rotta (f)	masir	مسیر
itinerario (m)	masir	مسیر
tratto (m) navigabile	kešti-ye ru	کشتی رو
secca (f)	mahall-e kam omq	محل کم عمق
arenarsi (vr)	be gel nešastan	به گل نشستن
tempesta (f)	tufān	طوفان
segnale (m)	alāmat	علامت
affondare (andare a fondo)	qarq šodan	غرق شدن
Uomo in mare!	kas-i dar hāl-e qarq šodan-ast!	کسی در حال غرق شدن است!
SOS	sos	SOS
salvagente (m) anulare	kamarband-e nejāt	کمربند نجات

144. Aeroporto

aeroporto (m)	forudgāh	فرودگاه
aereo (m)	havāpeymā	هواپیما
compagnia (f) aerea	šerkat-e havāpeymāyi	شرکت هواپیمایی
controllore (m) di volo	ma'mur-e kontorol-e terāfik-e havāyi	مأمور کنترل ترافیک هوایی
partenza (f)	azimat	عزیمت
arrivo (m)	vorud	ورود
arrivare (vi)	residan	رسیدن
ora (f) di partenza	zamān-e parvāz	زمان پرواز
ora (f) di arrivo	zamān-e vorud	زمان ورود
essere ritardato	ta'xir kardan	تأخیر کردن
volo (m) ritardato	ta'xir-e parvāz	تأخیر پرواز
tabellone (m) orari	tāblo-ye ettelā'āt	تابلوی اطلاعات
informazione (f)	ettelā'āt	اطلاعات

annunciare (vt)	eʿlām kardan	اعلام کردن
volo (m)	parvāz	پرواز
dogana (f)	gomrok	گمرک
doganiere (m)	maʿmur-e gomrok	مأمور گمرک
dichiarazione (f)	ežhār-nāme	اظهارنامه
riempire (~ una dichiarazione)	por kardan	پر کردن
riempire una dichiarazione	ezhār-nāme rā por kardan	اظهارنامه را پر کردن
controllo (m) passaporti	kontorol-e gozarnāme	کنترل گذرنامه
bagaglio (m)	bār	بار
bagaglio (m) a mano	bār-e dasti	بار دستی
carrello (m)	čarx-e hamle bar	چرخ حمل بار
atterraggio (m)	forud	فرود
pista (f) di atterraggio	bānd-e forudgāh	باند فرودگاه
atterrare (vi)	nešastan	نشستن
scaletta (f) dell'aereo	pellekān	پلکان
check-in (m)	ček in	چک این
banco (m) del check-in	bāje-ye kontorol	باجه کنترل
fare il check-in	čekin kardan	چکاین کردن
carta (f) d'imbarco	kārt-e parvāz	کارت پرواز
porta (f) d'imbarco	gi-yat xoruj	گیت خروج
transito (m)	terānzit	ترانزیت
aspettare (vt)	montazer budan	منتظر بودن
sala (f) d'attesa	tālār-e entezār	تالار انتظار
accompagnare (vt)	badraqe kardan	بدرقه کردن
congedarsi (vr)	xodāhāfezi kardan	خداحافظی کردن

145. Bicicletta. Motocicletta

bicicletta (f)	dočarxe	دوچرخه
motorino (m)	eskuter	اسکوتر
motocicletta (f)	motorsiklet	موتورسیکلت
andare in bicicletta	bā dočarxe raftan	با دوچرخه رفتن
manubrio (m)	farmān-e dočarxe	فرمان دوچرخه
pedale (m)	pedāl	پدال
freni (m pl)	tormoz	ترمز
sellino (m)	zin	زین
pompa (f)	pomp	پمپ
portabagagli (m)	tarakband	ترکبند
fanale (m) anteriore	čerāq-e jelo	چراغ جلو
casco (m)	kolāh-e imeni	کلاه ایمنی
ruota (f)	čarx	چرخ
parafango (m)	golgir	گلگیر
cerchione (m)	towqe	طوقه
raggio (m)	parre	پره

Automobili

146. Tipi di automobile

automobile (f)	otomobil	اتومبیل
auto (f) sportiva	otomobil-e varzeši	اتومبیل ورزشی
limousine (f)	limozin	لیموزین
fuoristrada (m)	jip	جیپ
cabriolet (m)	kābriyole	کابریولیه
pulmino (m)	mini bus	مینی بوس
ambulanza (f)	āmbolāns	آمبولانس
spazzaneve (m)	māšin-e barfrub	ماشین برف روب
camion (m)	kāmiyon	کامیون
autocisterna (f)	tānker	تانکر
furgone (m)	kāmiyon	کامیون
motrice (f)	tereyler	تریلر
rimorchio (m)	yadak	یدک
confortevole (agg)	rāhat	راحت
di seconda mano	dast-e dovvom	دست دوم

147. Automobili. Carrozzeria

cofano (m)	kāput	کاپوت
parafango (m)	golgir	گلگیر
tetto (m)	saqf	سقف
parabrezza (m)	šiše-ye jelo	شیشه جلو
retrovisore (m)	āyene-ye did-e aqab	آینه دید عقب
lavacristallo (m)	pak konande	پاک کننده
tergicristallo (m)	barf pāk kon	برف پاک کن
finestrino (m) laterale	šiše-ye baqal	شیشهٔ بغل
alzacristalli (m)	šiše bālābar	شیشه بالابر
antenna (f)	ānten	آنتن
tettuccio (m) apribile	sanrof	سانروف
paraurti (m)	separ	سپر
bagagliaio (m)	sanduq-e aqab	صندوق عقب
portapacchi (m)	bārband	باربند
portiera (f)	darb	درب
maniglia (f)	dastgire-ye dar	دستگیرهٔ در
serratura (f)	qofl	قفل
targa (f)	pelāk	پلاک
marmitta (f)	xafe kon	خفه کن

serbatoio (m) della benzina	bāk-e benzin	باک بنزین
tubo (m) di scarico	lule-ye egzoz	لولهٔ اگزوز
acceleratore (m)	gāz	گاز
pedale (m)	pedāl	پدال
pedale (m) dell'acceleratore	pedāl-e gāz	پدال گاز
freno (m)	tormoz	ترمز
pedale (m) del freno	pedāl-e tormoz	پدال ترمز
frenare (vi)	tormoz kardan	ترمز کردن
freno (m) a mano	tormoz-e dasti	ترمز دستی
frizione (f)	kelāč	کلاچ
pedale (m) della frizione	pedāl-e kelāč	پدال کلاچ
disco (m) della frizione	disk-e kelāč	دیسک کلاچ
ammortizzatore (m)	komak-e fanar	کمک فنر
ruota (f)	čarx	چرخ
ruota (f) di scorta	zāpās	زاپاس
copriruota (m)	qālpāq	قالپاق
ruote (f pl) motrici	čarxhā-ye moharrek	چرخ های محرک
a trazione anteriore	mehvarhā-ye jelo	محورهای جلو
a trazione posteriore	mehvarhā-ye aqab	محورهای عقب
a trazione integrale	tamām-e čarx	تمام چرخ
scatola (f) del cambio	ja'be-ye dande	جعبهٔ دنده
automatico (agg)	otumātik	اتوماتیک
meccanico (agg)	mekāniki	مکانیکی
leva (f) del cambio	ahrom-e ja'be dande	اهرم جعبه دنده
faro (m)	čerāq-e jelo	چراغ جلو
luci (f pl), fari (m pl)	čerāq-hā	چراغ ها
luci (f pl) anabbaglianti	nur-e pāin	نور پائین
luci (f pl) abbaglianti	nur-e bālā	نور بالا
luci (f pl) di arresto	čerāq-e tormoz	چراغ ترمز
luci (f pl) di posizione	čerāqhā-ye pārk	چراغ های پارک
luci (f pl) di emergenza	čerāqha-ye xatar	چراغ های خطر
fari (m pl) antinebbia	čerāqhā-ye meh-e šekan	چراغ های مه شکن
freccia (f)	čerāq-e rāhnamā	چراغ راهنما
luci (f pl) di retromarcia	čerāq-e dande-ye aqab	چراغ دنده عقب

148. Automobili. Vano passeggeri

abitacolo (m)	dāxel-e xodrow	داخل خودرو
di pelle	čarmi	چرمی
in velluto	maxmali	مخملی
rivestimento (m)	tuduzi	تودوزی
strumento (m) di bordo	abzār	ابزار
cruscotto (m)	safhe-ye dāšbord	صفحه داشبورد
tachimetro (m)	sor'at sanj	سرعت سنج

lancetta (f)	aqrabe	عقربه
contachilometri (m)	kilumetr-e šomār	کیلومتر شمار
indicatore (m)	nešāngar	نشانگر
livello (m)	sath	سطح
spia (f) luminosa	lāmp	لامپ
volante (m)	farmān	فرمان
clacson (m)	buq	بوق
pulsante (m)	dokme	دکمه
interruttore (m)	kelid	کلید
sedile (m)	sandali	صندلی
spalliera (f)	pošti-ye sandali	پشتی صندلی
appoggiatesta (m)	zir-e seri	زیر سری
cintura (f) di sicurezza	kamarband-e imeni	کمربند ایمنی
allacciare la cintura	kamarband rā bastan	کمربند را بستن
regolazione (f)	tanzim	تنظیم
airbag (m)	kise-ye havā	کیسه هوا
condizionatore (m)	tahviye-ye matbu'	تهویه مطبوع
radio (f)	rādiyo	رادیو
lettore (m) CD	paxš konande-ye si di	پخش کننده سی دی
accendere (vt)	rowšan kardan	روشن کردن
antenna (f)	ānten	آنتن
vano (m) portaoggetti	dāšbord	داشبورد
portacenere (m)	zir-sigāri	زیرسیگاری

149. Automobili. Motore

motore (m)	motor	موتور
a diesel	dizel	دیزل
a benzina	benzin	بنزین
cilindrata (f)	hajm-e motor	حجم موتور
potenza (f)	niru	نیرو
cavallo vapore (m)	asb-e boxār	اسب بخار
pistone (m)	pistun	پیستون
cilindro (m)	silandr	سیلندر
valvola (f)	supāp	سوپاپ
iniettore (m)	anžektor	انژکتور
generatore (m)	ženerātor	ژنراتور
carburatore (m)	kārborātor	کاربراتور
olio (m) motore	rowqan-e motor	روغن موتور
radiatore (m)	rādiyātor	رادیاتور
liquido (m) di raffreddamento	māye-'e sard konande	مایع سرد کننده
ventilatore (m)	fan-e xonak konande	فن خنک کننده
batteria (m)	bātri-ye māšin	باتری ماشین
motorino (m) d'avviamento	estārt	استارت
accensione (f)	ehterāq	احتراق
candela (f) d'accensione	šam'-e motor	شمع موتور

morsetto (m)	pāyāne	پايانه
più (m)	mosbat	مثبت
meno (m)	manfi	منفی
fusibile (m)	fiyuz	فيوز
filtro (m) dell'aria	filter-e havā	فيلتر هوا
filtro (m) dell'olio	filter-e rowqan	فيلتر روغن
filtro (m) del carburante	filter-e suxt	فيلتر سوخت

150. Automobili. Incidente. Riparazione

incidente (m)	tasādof	تصادف
incidente (m) stradale	tasādof	تصادف
sbattere contro ...	barxord kardan	برخورد كردن
avere un incidente	tasādof kardan	تصادف كردن
danno (m)	āsib	آسيب
illeso (agg)	sālem	سالم
guasto (m), avaria (f)	xarābi	خرابی
essere rotto	xarāb šodan	خراب شدن
cavo (m) di rimorchio	sim-e boksel	سيم بكسل
foratura (f)	pančar	پنچر
essere a terra	pančar šodan	پنچر شدن
gonfiare (vt)	bād kardan	باد كردن
pressione (f)	fešār	فشار
controllare (verificare)	barresi kardan	بررسی كردن
riparazione (f)	ta'mir	تعمير
officina (f) meccanica	ta'mirgāh-e xodro	تعميرگاه خودرو
pezzo (m) di ricambio	qet'e-ye yadaki	قطعه يدكی
pezzo (m)	qet'e	قطعه
bullone (m)	pič	پيچ
bullone (m) a vite	pič	پيچ
dado (m)	mohre	مهره
rondella (f)	vāšer	واشر
cuscinetto (m)	yātāqān	ياتاقان
tubo (m)	lule	لوله
guarnizione (f)	vāšer	واشر
filo (m), cavo (m)	sim	سيم
cric (m)	jak	جک
chiave (f)	āčār	آچار
martello (m)	čakoš	چكش
pompa (f)	pomp	پمپ
giravite (m)	pič gušti	پيچ گوشتی
estintore (m)	kapsul-e ātašnešāni	كپسول آتش نشانی
triangolo (m) di emergenza	alāmat-e ehtiyāt	علامت احتياط
spegnersi (vr)	xāmuš šodan	خاموش شدن
spegnimento (m) motore	tavaqqof	توقف

essere rotto	xarāb budan	خراب بودن
surriscaldarsi (vr)	juš āvardan	جوش آوردن
intasarsi (vr)	masdud šodan	مسدود شدن
ghiacciarsi (di tubi, ecc.)	yax bastan	یخ بستن
spaccarsi (vr)	tarakidan	ترکیدن
pressione (f)	fešār	فشار
livello (m)	sath	سطح
lento (cinghia ~a)	za'if	ضعیف
ammaccatura (f)	foruraftegi	فرورفتگی
battito (m) (nel motore)	sedā	صدا
fessura (f)	tarak	ترک
graffiatura (f)	xarāš	خراش

151. Automobili. Strada

strada (f)	rāh	راه
autostrada (f)	bozorgrāh	بزرگراه
superstrada (f)	āzād-e rāh	آزاد راه
direzione (f)	samt	سمت
distanza (f)	masāfat	مسافت
ponte (m)	pol	پل
parcheggio (m)	pārking	پارکینگ
piazza (f)	meydān	میدان
svincolo (m)	dowr bargardān	دوربرگردان
galleria (f), tunnel (m)	tunel	تونل
distributore (m) di benzina	pomp-e benzin	پمپ بنزین
parcheggio (m)	pārking	پارکینگ
pompa (f) di benzina	pomp-e benzin	پمپ بنزین
officina (f) meccanica	ta'mirgāh-e xodro	تعمیرگاه خودرو
fare benzina	benzin zadan	بنزین زدن
carburante (m)	suxt	سوخت
tanica (f)	dabbe	دبه
asfalto (m)	āsfālt	آسفالت
segnaletica (f) stradale	alāmat-e gozari	علامت گذاری
cordolo (m)	labe-ye jadval	لبه جدول
barriera (f) di sicurezza	narde	نرده
fosso (m)	juy	جوی
ciglio (m) della strada	kenār rāh	کنار راه
lampione (m)	tir-e barq	تیر برق
guidare (~ un veicolo)	rāndan	راندن
girare (~ a destra)	pičidan	پیچیدن
fare un'inversione a U	dowr zadan	دور زدن
retromarcia (m)	dande aqab	دنده عقب
suonare il clacson	buq zadan	بوق زدن
colpo (m) di clacson	buq	بوق
incastrarsi (vr)	gir kardan	گیر کردن
impantanarsi (vr)	sor xordan	سر خوردن

spegnere (~ il motore)	xāmuš kardan	خاموش کردن
velocità (f)	sor'at	سرعت
superare i limiti di velocità	az sor'at-e mojāz gozāštan	ازسرعت مجاز گذشتن
multare (vt)	jarime kardan	جریمه کردن
semaforo (m)	čerāq-e rāhnamā	چراغ راهنما
patente (f) di guida	govāhi-nāme-ye rānandegi	گواهینامهٔ رانندگی
passaggio (m) a livello	taqāto'	تقاطع
incrocio (m)	čahārrāh	چهارراه
passaggio (m) pedonale	xatt-e āber-e piyāde	خط عابرپیاده
curva (f)	pič	پیچ
zona (f) pedonale	mantaqe-ye āber-e piyāde	منطقهٔ عابر پیاده

GENTE. SITUAZIONI QUOTIDIANE

Situazioni quotidiane

152. Vacanze. Evento

festa (f)	jašn	جشن
festa (f) nazionale	eyd-e melli	عید ملی
festività (f) civile	ruz-e jašn	روز جشن
festeggiare (vt)	jašn gereftan	جشن گرفتن
avvenimento (m)	vāqe'e	واقعه
evento (m) (organizzare un ~)	ruydād	رویداد
banchetto (m)	ziyāfat	ضیافت
ricevimento (m)	ziyāfat	ضیافت
festino (m)	jašn	جشن
anniversario (m)	sālgard	سالگرد
giubileo (m)	sālgard	سالگرد
festeggiare (vt)	jašn gereftan	جشن گرفتن
Capodanno (m)	sāl-e now	سال نو
Buon Anno!	sāl-e now mobārak	سال نو مبارک
Babbo Natale (m)	bābā noel	بابا نوئل
Natale (m)	kerismas	کریسمس
Buon Natale!	kerismas mobārak!	کریسمس مبارک!
Albero (m) di Natale	kāj kerismas	کاج کریسمس
fuochi (m pl) artificiali	ātaš-e bāzi	آتش بازی
nozze (f pl)	arusi	عروسی
sposo (m)	dāmād	داماد
sposa (f)	arus	عروس
invitare (vt)	da'vat kardan	دعوت کردن
invito (m)	da'vatnāme	دعوتنامه
ospite (m)	mehmān	مهمان
andare a trovare	be mehmāni raftan	به مهمانی رفتن
accogliere gli invitati	az mehmānān esteqbāl kardan	از مهمانان استقبال کردن
regalo (m)	hedye	هدیه
offrire (~ un regalo)	hadye dādan	هدیه دادن
ricevere i regali	hediye gereftan	هدیه گرفتن
mazzo (m) di fiori	daste-ye gol	دسته گل
auguri (m pl)	tabrik	تبریک
augurare (vt)	tabrik goftan	تبریک گفتن

cartolina (f)	kārt-e tabrik	کارت تبریک
mandare una cartolina	kārt-e tabrik ferestādan	کارت تبریک فرستادن
ricevere una cartolina	kārt-e tabrik gereftan	کارت تبریک گرفتن
brindisi (m)	be salāmati-ye kas-i nušidan	به سلامتی کسی نوشیدن
offrire (~ qualcosa da bere)	pazirāyi kardan	پذیرایی کردن
champagne (m)	šāmpāyn	شامپاین
divertirsi (vr)	šādi kardan	شادی کردن
allegria (f)	šādi	شادی
gioia (f)	maserrat	مسرت
danza (f), ballo (m)	raqs	رقص
ballare (vi, vt)	raqsidan	رقصیدن
valzer (m)	raqs-e vāls	رقص والس
tango (m)	raqs tāngo	رقص تانگو

153. Funerali. Sepoltura

cimitero (m)	qabrestān	قبرستان
tomba (f)	qabr	قبر
croce (f)	salib	صلیب
pietra (f) tombale	sang-e qabr	سنگ قبر
recinto (m)	hesār	حصار
cappella (f)	kelisā-ye kučak	کلیسای کوچک
morte (f)	marg	مرگ
morire (vi)	mordan	مردن
defunto (m)	marhum	مرحوم
lutto (m)	azā	عزا
seppellire (vt)	dafn kardan	دفن کردن
sede (f) di pompe funebri	xadamat-e kafno dafn	خدمات کفن ودفن
funerale (m)	tašyi-'e jenāze	تشییع جنازه
corona (f) di fiori	tāj-e gol	تاج گل
bara (f)	tābut	تابوت
carro (m) funebre	na'š keš	نعش کش
lenzuolo (m) funebre	kafan	کفن
corteo (m) funebre	tašyi-'e jenāze	تشییع جنازه
urna (f) funeraria	zarf-e xākestar-e morde	ظرف خاکستر مرده
crematorio (m)	morde suz xāne	مرده سوز خانه
necrologio (m)	āgahi-ye tarhim	آگهی ترحیم
piangere (vi)	gerye kardan	گریه کردن
singhiozzare (vi)	zār zār gerye kardan	زار زارگریه کردن

154. Guerra. Soldati

plotone (m)	daste	دسته
compagnia (f)	goruhān	گروهان

reggimento (m)	hang	هنگ
esercito (m)	arteš	ارتش
divisione (f)	laškar	لشکر
distaccamento (m)	daste	دسته
armata (f)	laškar	لشکر
soldato (m)	sarbāz	سرباز
ufficiale (m)	afsar	افسر
soldato (m) semplice	sarbāz	سرباز
sergente (m)	goruhbān	گروهبان
tenente (m)	sotvān	ستوان
capitano (m)	kāpitān	کاپیتان
maggiore (m)	sargord	سرگرد
colonnello (m)	sarhang	سرهنگ
generale (m)	ženerāl	ژنرال
marinaio (m)	malavān	ملوان
capitano (m)	kāpitān	کاپیتان
nostromo (m)	sar malavān	سر ملوان
artigliere (m)	tupči	توپچی
paracadutista (m)	sarbāz-e čatrbāz	سرباز چترباز
pilota (m)	xalabān	خلبان
navigatore (m)	nāvbar	ناوبر
meccanico (m)	mekānik	مکانیک
geniere (m)	mohandes estehkāmāt	مهندس استحکامات
paracadutista (m)	čatr bāz	چترباز
esploratore (m)	ettelā'āti	اطلاعاتی
cecchino (m)	tak tir andāz	تک تیر انداز
pattuglia (f)	gašt	گشت
pattugliare (vt)	gašt zadan	گشت زدن
sentinella (f)	negahbān	نگهبان
guerriero (m)	jangju	جنگجو
patriota (m)	mihan parast	میهن پرست
eroe (m)	qahremān	قهرمان
eroina (f)	qahremān-e zan	قهرمان زن
traditore (m)	xāen	خائن
tradire (vt)	xiyānat kardan	خیانت کردن
disertore (m)	farāri	فراری
disertare (vi)	farāri budan	فراری بودن
mercenario (m)	mozdur	مزدور
recluta (f)	sarbāz-e jadid	سرباز جدید
volontario (m)	dāvtalab	داوطلب
ucciso (m)	morde	مرده
ferito (m)	zaxmi	زخمی
prigioniero (m) di guerra	asir	اسیر

155. Guerra. Azioni militari. Parte 1

guerra (f)	jang	جنگ
essere in guerra	jangidan	جنگیدن
guerra (f) civile	jang-e dāxeli	جنگ داخلی
perfidamente	xāenāne	خائنانه
dichiarazione (f) di guerra	e'lān-e jang	اعلان جنگ
dichiarare (~ guerra)	e'lān kardan	اعلان کردن
aggressione (f)	tajāvoz	تجاوز
attaccare (vt)	hamle kardan	حمله کردن
invadere (vt)	tajāvoz kardan	تجاوز کردن
invasore (m)	tajāvozgar	تجاوزگر
conquistatore (m)	fāteh	فاتح
difesa (f)	defā'	دفاع
difendere (~ un paese)	defā' kardan	دفاع کردن
difendersi (vr)	az xod defā' kardan	از خود دفاع کردن
nemico (m)	došman	دشمن
avversario (m)	moxālef	مخالف
ostile (agg)	došman	دشمن
strategia (f)	rāhbord	راهبرد
tattica (f)	tāktik	تاکتیک
ordine (m)	farmān	فرمان
comando (m)	dastur	دستور
ordinare (vt)	farmān dādan	فرمان دادن
missione (f)	ma'muriyat	مأموریت
segreto (agg)	mahramāne	محرمانه
battaglia (f)	jang	جنگ
combattimento (m)	nabard	نبرد
attacco (m)	hamle	حمله
assalto (m)	yureš	یورش
assalire (vt)	yureš bordan	یورش بردن
assedio (m)	mohāsere	محاصره
offensiva (f)	hamle	حمله
passare all'offensiva	hamle kardan	حمله کردن
ritirata (f)	aqab nešini	عقب نشینی
ritirarsi (vr)	aqab nešini kardan	عقب نشینی کردن
accerchiamento (m)	mohāsere	محاصره
accerchiare (vt)	mohāsere kardan	محاصره کردن
bombardamento (m)	bombārān-e havāyi	بمباران هوایی
lanciare una bomba	bomb āndaxtan	بمب انداختن
bombardare (vt)	bombārān kardan	بمباران کردن
esplosione (f)	enfejār	انفجار
sparo (m)	tirandāzi	تیراندازی

sparare un colpo	tirandāzi kardan	تیراندازی کردن
sparatoria (f)	tirandāzi	تیراندازی
puntare su ...	nešāne raftan	نشانه رفتن
puntare (~ una pistola)	šhellik kardan	شلیک کردن
colpire (~ il bersaglio)	residan	رسیدن
affondare (mandare a fondo)	qarq šodan	غرق شدن
falla (f)	surāx	سوراخ
affondare (andare a fondo)	qarq šodan	غرق شدن
fronte (m) (~ di guerra)	jebhe	جبهه
evacuazione (f)	taxliye	تخلیه
evacuare (vt)	taxliye kardan	تخلیه کردن
trincea (f)	sangar	سنگر
filo (m) spinato	sim-e xārdār	سیم خاردار
sbarramento (m)	hesār	حصار
torretta (f) di osservazione	borj	برج
ospedale (m) militare	bimārestān-e nezāmi	بیمارستان نظامی
ferire (vt)	majruh kardan	مجروح کردن
ferita (f)	zaxm	زخم
ferito (m)	zaxmi	زخمی
rimanere ferito	zaxmi šodan	زخمی شدن
grave (ferita ~)	zaxm-e saxt	زخم سخت

156. Armi

armi (f pl)	selāh	سلاح
arma (f) da fuoco	aslahe-ye garm	اسلحهٔ گرم
arma (f) bianca	aslahe-ye sard	اسلحهٔ سرد
armi (f pl) chimiche	taslihāt-e šimiyāyi	تسلیحات شیمیایی
nucleare (agg)	haste i	هسته ای
armi (f pl) nucleari	taslihāt-e hastei	تسلیحات هسته ای
bomba (f)	bomb	بمب
bomba (f) atomica	bomb-e atomi	بمب اتمی
pistola (f)	kolt	کلت
fucile (m)	tofang	تفنگ
mitra (m)	mosalsal-e xodkār	مسلسل خودکار
mitragliatrice (f)	mosalsal	مسلسل
bocca (f)	sar-e lule-ye tofang	سر لوله تفنگ
canna (f)	lule-ye tofang	لوله تفنگ
calibro (m)	kālibr	کالیبر
grilletto (m)	māše	ماشه
mirino (m)	nešāne ravi	نشانه روی
caricatore (m)	xešāb	خشاب
calcio (m)	qondāq	قنداق
bomba (f) a mano	nārenjak	نارنجک

esplosivo (m)	mādde-ye monfajere	مادهٔ منفجره
pallottola (f)	golule	گلوله
cartuccia (f)	fešang	فشنگ
carica (f)	mohemmāt	مهمات
munizioni (f pl)	mohemmāt	مهمات
bombardiere (m)	bomb-afkan	بمبافکن
aereo (m) da caccia	jangande	جنگنده
elicottero (m)	helikopter	هلیکوپتر
cannone (m) antiaereo	tup-e zedd-e havāyi	توپ ضد هوایی
carro (m) armato	tānk	تانک
cannone (m)	tup	توپ
artiglieria (f)	tupxāne	توپخانه
cannone (m)	tofang	تفنگ
mirare a ...	šhellik kardan	شلیک کردن
proiettile (m)	xompāre	خمپاره
granata (f) da mortaio	xompāre	خمپاره
mortaio (m)	xompāre andāz	خمپاره انداز
scheggia (f)	tarkeš	ترکش
sottomarino (m)	zirdaryāyi	زیردریایی
siluro (m)	eždar	اژدر
missile (m)	mušak	موشک
caricare (~ una pistola)	por kardan	پر کردن
sparare (vi)	tirandāzi kardan	تیراندازی کردن
puntare su ...	nešāne raftan	نشانه رفتن
baionetta (f)	sarneyze	سرنیزه
spada (f)	šamšir	شمشیر
sciabola (f)	šamšir	شمشیر
lancia (f)	neyze	نیزه
arco (m)	kamān	کمان
freccia (f)	tir	تیر
moschetto (m)	tofang fetile-i	تفنگ فتیلهای
balestra (f)	kamān zanburak-i	کمان زنبورکی

157. Gli antichi

primitivo (agg)	avvaliye	اولیه
preistorico (agg)	piš az tārix	پیش از تاریخ
antico (agg)	qadimi	قدیمی
Età (f) della pietra	asr-e hajar	عصر حجر
Età (f) del bronzo	asr-e mafraq	عصر مفرغ
epoca (f) glaciale	dowre-ye yaxbandān	دورهٔ یخبندان
tribù (f)	qabile	قبیله
cannibale (m)	ādam xār	آدم خوار
cacciatore (m)	šekārči	شکارچی
cacciare (vt)	šekār kardan	شکار کردن

mammut (m)	māmut	ماموت
caverna (f), grotta (f)	qār	غار
fuoco (m)	ātaš	آتش
falò (m)	ātaš	آتش
pittura (f) rupestre	qār negāre	غار نگاره
strumento (m) di lavoro	abzār-e kār	ابزار کار
lancia (f)	neyze	نیزه
ascia (f) di pietra	tabar-e sangi	تبر سنگی
essere in guerra	jangidan	جنگیدن
addomesticare (vt)	rām kardan	رام کردن
idolo (m)	bot	بت
idolatrare (vt)	parastidan	پرستیدن
superstizione (f)	xorāfe	خرافه
rito (m)	marāsem	مراسم
evoluzione (f)	takāmol	تکامل
sviluppo (m)	pišraft	پیشرفت
estinzione (f)	enqerāz	انقراض
adattarsi (vr)	sāzgār šodan	سازگار شدن
archeologia (f)	bāstān-šenāsi	باستان شناسی
archeologo (m)	bāstān-šenās	باستان شناس
archeologico (agg)	bāstān-šenāsi	باستان شناسی
sito (m) archeologico	mahall-e haffārihā	محل حفاری ها
scavi (m pl)	haffāri-hā	حفاری ها
reperto (m)	yāfteh	یافته
frammento (m)	qet'e	قطعه

158. Il Medio Evo

popolo (m)	mellat	ملت
popoli (m pl)	mellat-hā	ملت ها
tribù (f)	qabile	قبیله
tribù (f pl)	qabāyel	قبایل
barbari (m pl)	barbar-hā	بربر ها
galli (m pl)	gul-hā	گول ها
goti (m pl)	gat-hā	گت ها
slavi (m pl)	eslāv-hā	اسلاو ها
vichinghi (m pl)	vāyking-hā	وایکینگ ها
romani (m pl)	rumi-hā	رومی ها
romano (agg)	rumi	رومی
bizantini (m pl)	bizānsi-hā	بیزانسی ها
Bisanzio (m)	bizāns	بیزانس
bizantino (agg)	bizānsi	بیزانسی
imperatore (m)	emperātur	امپراطور
capo (m)	rahbar	رهبر
potente (un re ~)	moqtader	مقتدر

re (m)	šāh	شاه
governante (m) (sovrano)	hākem	حاکم
cavaliere (m)	šovālie	شواليه
feudatario (m)	feodāl	فئودال
feudale (agg)	feodāli	فئودالی
vassallo (m)	ra'yat	رعيت
duca (m)	duk	دوک
conte (m)	kont	کنت
barone (m)	bāron	بارون
vescovo (m)	osqof	اسقف
armatura (f)	zereh	زره
scudo (m)	separ	سپر
spada (f)	šamšir	شمشیر
visiera (f)	labe-ye kolāh	لبه کلاه
cotta (f) di maglia	jowšan	جوشن
crociata (f)	jang-e salibi	جنگ صلیبی
crociato (m)	jangju-ye salibi	جنگجوی صلیبی
territorio (m)	qalamrow	قلمرو
attaccare (vt)	hamle kardan	حمله کردن
conquistare (vt)	fath kardan	فتح کردن
occupare (invadere)	ešqāl kardan	اشغال کردن
assedio (m)	mohāsere	محاصره
assediato (agg)	mahsur	محصور
assediare (vt)	mohāsere kardan	محاصره کردن
inquisizione (f)	taftiš-e aqāyed	تفتیش عقاید
inquisitore (m)	mofatteš	مفتش
tortura (f)	šekanje	شکنجه
crudele (agg)	bi rahm	بی رحم
eretico (m)	molhed	ملحد
eresia (f)	ertedād	ارتداد
navigazione (f)	daryānavardi	دریانوردی
pirata (m)	dozd-e daryāyi	دزد دریایی
pirateria (f)	dozdi-ye daryāyi	دزدی دریایی
arrembaggio (m)	hamle ruye arše	حمله روی عرشه
bottino (m)	qanimat	غنیمت
tesori (m)	ganj	گنج
scoperta (f)	kašf	کشف
scoprire (~ nuove terre)	kašf kardan	کشف کردن
spedizione (f)	safar	سفر
moschettiere (m)	tofangdār	تفنگدار
cardinale (m)	kārdināl	کاردینال
araldica (f)	nešān-šenāsi	نشان شناسی
araldico (agg)	manquš	منقوش

159. Leader. Capo. Le autorità

re (m)	šāh	شاه
regina (f)	maleke	ملکه
reale (agg)	šāhi	شاهی
regno (m)	pādšāhi	پادشاهی
principe (m)	šāhzāde	شاهزاده
principessa (f)	pranses	پرنسس
presidente (m)	ra'is jomhur	رئیس جمهور
vicepresidente (m)	mo'āven-e rais-e jomhur	معاون رئیس جمهور
senatore (m)	senātor	سناتور
monarca (m)	pādšāh	پادشاه
governante (m) (sovrano)	hākem	حاکم
dittatore (m)	diktātor	دیکتاتور
tiranno (m)	zālem	ظالم
magnate (m)	najib zāde	نجیب زاده
direttore (m)	modir	مدیر
capo (m)	ra'is	رئیس
dirigente (m)	modir	مدیر
capo (m)	ra'is	رئیس
proprietario (m)	sāheb	صاحب
leader (m)	rahbar	رهبر
capo (m) (~ delegazione)	ra'is	رئیس
autorità (f pl)	maqāmāt	مقامات
superiori (m pl)	roasā	رؤسا
governatore (m)	farmāndār	فرماندار
console (m)	konsul	کنسول
diplomatico (m)	diplomāt	دیپلمات
sindaco (m)	šahrdār	شهردار
sceriffo (m)	kalāntar	کلانتر
imperatore (m)	emperātur	امپراطور
zar (m)	tezār	تزار
faraone (m)	fer'own	فرعون
khan (m)	xān	خان

160. Infrangere la legge. Criminali. Parte 1

bandito (m)	rāhzan	راهزن
delitto (m)	jenāyat	جنایت
criminale (m)	jenāyatkār	جنایتکار
ladro (m)	dozd	دزد
rubare (vi, vt)	dozdidan	دزدیدن
ruberia (f)	dozdi	دزدی
reato (m) di furto	serqat	سرقت
rapire (vt)	ādam robudan	آدم ربودن

rapimento (m)	ādam robāyi	آدم ربایی
rapitore (m)	ādam robā	آدم ربا
riscatto (m)	bāj	باج
chiedere il riscatto	bāj xāstan	باج خواستن
rapinare (vt)	serqat kardan	سرقت کردن
rapina (f)	serqat	سرقت
rapinatore (m)	qāratgar	غارتگر
estorcere (vt)	axxāzi kardan	اخاذی کردن
estorsore (m)	axxāz	اخاذ
estorsione (f)	axxāzi	اخاذی
uccidere (vt)	koštan	کشتن
assassinio (m)	qatl	قتل
assassino (m)	qātel	قاتل
sparo (m)	tirandāzi	تیراندازی
tirare un colpo	tirandāzi kardan	تیراندازی کردن
abbattere (con armi da fuoco)	bā tir zadan	با تیر زدن
sparare (vi)	tirandāzi kardan	تیراندازی کردن
sparatoria (f)	tirandāzi	تیراندازی
incidente (m) (rissa, ecc.)	vāqe'e	واقعه
rissa (f)	zad-o xord	زد و خورد
Aiuto!	komak!	کمک!
vittima (f)	qorbāni	قربانی
danneggiare (vt)	xesārat resāndan	خسارت رساندن
danno (m)	xesārat	خسارت
cadavere (m)	jasad	جسد
grave (reato ~)	vaxim	وخیم
aggredire (vt)	hamle kardan	حمله کردن
picchiare (vt)	zadan	زدن
malmenare (picchiare)	kotak zadan	کتک زدن
sottrarre (vt)	bezur gereftan	به زور گرفتن
accoltellare a morte	čāqu zadan	چاقو زدن
mutilare (vt)	ma'yub kardan	معیوب کردن
ferire (vt)	majruh kardan	مجروح کردن
ricatto (m)	šāntāž	شانتاژ
ricattare (vt)	axxāzi kardan	اخاذی کردن
ricattatore (m)	axxāz	اخاذ
estorsione (f)	axxāzi	اخاذی
estortore (m)	axxāz	اخاذ
gangster (m)	gāngester	گانگستر
mafia (f)	māfiyā	مافیا
borseggiatore (m)	jib bor	جیب بر
scassinatore (m)	sāreq	سارق
contrabbando (m)	qāčāq	قاچاق
contrabbandiere (m)	qāčāqči	قاچاقچی
falsificazione (f)	qollābi	قلابی

falsificare (vt)	ja'l kardan	جعل کردن
falso, falsificato (agg)	ja'li	جعلی

161. Infrangere la legge. Criminali. Parte 2

stupro (m)	tajāvoz be nāmus	تجاوز به ناموس
stuprare (vt)	tajāvoz kardan	تجاوز کردن
stupratore (m)	zenā konande	زنا کننده
maniaco (m)	majnun	مجنون
prostituta (f)	fāheše	فاحشه
prostituzione (f)	fāhešegi	فاحشگی
magnaccia (m)	jākeš	جاکش
drogato (m)	mo'tād	معتاد
trafficante (m) di droga	forušande-ye mavādd-e moxadder	فروشندهٔ مواد مخدر
far esplodere	monfajer kardan	منفجر کردن
esplosione (f)	enfejār	انفجار
incendiare (vt)	ātaš zadan	آتش زدن
incendiario (m)	ātaš afruz	آتش افروز
terrorismo (m)	terorism	تروریسم
terrorista (m)	terorist	تروریست
ostaggio (m)	gerowgān	گروگان
imbrogliare (vt)	farib dādan	فریب دادن
imbroglio (m)	farib	فریب
imbroglione (m)	hoqqe bāz	حقه باز
corrompere (vt)	rešve dādan	رشوه دادن
corruzione (f)	rešve	رشوه
bustarella (f)	rešve	رشوه
veleno (m)	zahr	زهر
avvelenare (vt)	masmum kardan	مسموم کردن
avvelenarsi (vr)	masmum šodan	مسموم شدن
suicidio (m)	xod-koši	خودکشی
suicida (m)	xod-koši konande	خودکشی کننده
minacciare (vt)	tahdid kardan	تهدید کردن
minaccia (f)	tahdid	تهدید
attentare (vi)	su'-e qasd kardan	سوء قصد کردن
attentato (m)	su'-e qasd	سوء قصد
rubare (~ una macchina)	robudan	ربودن
dirottare (~ un aereo)	havāpeymā robāyi	هواپیما ربایی
vendetta (f)	enteqām	انتقام
vendicare (vt)	enteqām gereftan	انتقام گرفتن
torturare (vt)	šekanje dādan	شکنجه دادن
tortura (f)	šekanje	شکنجه

maltrattare (vt)	aziyat kardan	اذیت کردن
pirata (m)	dozd-e daryāyi	دزد دریایی
teppista (m)	owbāš	اوباش
armato (agg)	mosallah	مسلح
violenza (f)	xošunat	خشونت
illegale (agg)	qeyr-e qānuni	غیر قانونی
spionaggio (m)	jāsusi	جاسوسی
spiare (vi)	jāsusi kardan	جاسوسی کردن

162. Polizia. Legge. Parte 1

giustizia (f)	edālat	عدالت
tribunale (m)	dādgāh	دادگاه
giudice (m)	qāzi	قاضی
giurati (m)	hey'at-e monsefe	هیئت منصفه
processo (m) con giuria	hey'at-e monsefe	هیئت منصفه
giudicare (vt)	mohākeme kardan	محاکمه کردن
avvocato (m)	vakil	وکیل
imputato (m)	mottaham	متهم
banco (m) degli imputati	jāygāh-e mottaham	جایگاه متهم
accusa (f)	ettehām	اتهام
accusato (m)	mottaham	متهم
condanna (f)	hokm	حکم
condannare (vt)	mahkum kardan	محکوم کردن
colpevole (m)	moqasser	مقصر
punire (vt)	mojāzāt kardan	مجازات کردن
punizione (f)	mojāzāt	مجازات
multa (f), ammenda (f)	jarime	جریمه
ergastolo (m)	habs-e abad	حبس ابد
pena (f) di morte	e'dām	اعدام
sedia (f) elettrica	sandali-ye barqi	صندلی برقی
impiccagione (f)	čube-ye dār	چوبه دار
giustiziare (vt)	e'dām kardan	اعدام کردن
esecuzione (f)	e'dām	اعدام
prigione (f)	zendān	زندان
cella (f)	sellul-e zendān	سلول زندان
scorta (f)	eskort	اسکورت
guardia (f) carceraria	negahbān zendān	نگهبان زندان
prigioniero (m)	zendāni	زندانی
manette (f pl)	dastband	دستبند
mettere le manette	dastband zadan	دستبند زدن
fuga (f)	farār	فرار
fuggire (vi)	farār kardan	فرار کردن

scomparire (vi)	nāpadid šodan	ناپدید شدن
liberare (vt)	āzād kardan	آزاد کردن
amnistia (f)	afv-e omumi	عفو عمومی
polizia (f)	polis	پلیس
poliziotto (m)	polis	پلیس
commissariato (m)	kalāntari	کلانتری
manganello (m)	bātum	باتوم
altoparlante (m)	bolandgu	بلندگو
macchina (f) di pattuglia	māšin-e gašt	ماشین گشت
sirena (f)	āžir-e xatar	آژیر خطر
mettere la sirena	āžir rā rowšan kardan	آژیررا روشن کردن
suono (m) della sirena	sedā-ye āžir	صدای آژیر
luogo (m) del crimine	mahall-e jenāyat	محل جنایت
testimone (m)	šāhed	شاهد
libertà (f)	āzādi	آزادی
complice (m)	hamdast	همدست
fuggire (vi)	maxfi šodan	مخفی شدن
traccia (f)	rad	رد

163. Polizia. Legge. Parte 2

ricerca (f) (~ di un criminale)	jostoju	جستجو
cercare (vt)	jostoju kardan	جستجو کردن
sospetto (m)	šok	شک
sospetto (agg)	maškuk	مشکوک
fermare (vt)	motevaghef kardan	متوقف کردن
arrestare (qn)	dastgir kardan	دستگیر کردن
causa (f)	parvande	پرونده
inchiesta (f)	tahqiq	تحقیق
detective (m)	kārāgāh	کارآگاه
investigatore (m)	bāzpors	بازپرس
versione (f)	farziye	فرضیه
movente (m)	angize	انگیزه
interrogatorio (m)	bāzporsi	بازپرسی
interrogare (sospetto)	bāzporsi kardan	بازپرسی کردن
interrogare (vicini)	estentāq kardan	استنطاق کردن
controllo (m) (~ di polizia)	taftiš	تفتیش
retata (f)	mohāsere	محاصره
perquisizione (f)	taftiš	تفتیش
inseguimento (m)	ta'qib	تعقیب
inseguire (vt)	ta'qib kardan	تعقیب کردن
essere sulle tracce	donbāl kardan	دنبال کردن
arresto (m)	bāzdāšt	بازداشت
arrestare (qn)	bāzdāšt kardan	بازداشت کردن
catturare (~ un ladro)	dastgir kardan	دستگیر کردن
cattura (f)	dastgiri	دستگیری
documento (m)	sanad	سند

prova (f), reperto (m)	esbāt	اثبات
provare (vt)	esbāt kardan	اثبات کردن
impronta (f) del piede	rad-e pā	رد پا
impronte (f pl) digitali	asar-e angošt	اثر انگشت
elemento (m) di prova	šavāhed	شواهد
alibi (m)	ozr-e qeybat	عذر غیبت
innocente (agg)	bi gonāh	بی گناه
ingiustizia (f)	bi edālati	بی عدالتی
ingiusto (agg)	qeyr-e ādelāne	غیر عادلانه
criminale (agg)	jenāyi	جنایی
confiscare (vt)	mosādere kardan	مصادره کردن
droga (f)	mavādd-e moxadder	مواد مخدر
armi (f pl)	selāh	سلاح
disarmare (vt)	xal'-e selāh kardan	خلع سلاح کردن
ordinare (vt)	farmān dādan	فرمان دادن
sparire (vi)	nāpadid šodan	ناپدید شدن
legge (f)	qānun	قانون
legale (agg)	qānuni	قانونی
illegale (agg)	qeyr-e qānuni	غیر قانونی
responsabilità (f)	mas'uliyat	مسئولیت
responsabile (agg)	mas'ul	مسئول

LA NATURA

La Terra. Parte 1

164. L'Universo

cosmo (m)	fazā	فضا
cosmico, spaziale (agg)	fazāyi	فضایی
spazio (m) cosmico	fazā-ye keyhān	فضای کیهان
mondo (m)	jahān	جهان
universo (m)	giti	گیتی
galassia (f)	kahkešān	کهکشان
stella (f)	setāre	ستاره
costellazione (f)	surat-e falaki	صورت فلکی
pianeta (m)	sayyāre	سیاره
satellite (m)	māhvāre	ماهواره
meteorite (m)	sang-e āsmāni	سنگ آسمانی
cometa (f)	setāre-ye donbāle dār	ستارهٔ دنباله دار
asteroide (m)	šahāb	شهاب
orbita (f)	madār	مدار
ruotare (vi)	gardidan	گردیدن
atmosfera (f)	jav	جو
il Sole	āftāb	آفتاب
sistema (m) solare	manzume-ye šamsi	منظومه شمسی
eclisse (f) solare	kosuf	کسوف
la Terra	zamin	زمین
la Luna	māh	ماه
Marte (m)	merrix	مریخ
Venere (f)	zahre	زهره
Giove (m)	moštari	مشتری
Saturno (m)	zohal	زحل
Mercurio (m)	atārod	عطارد
Urano (m)	orānus	اورانوس
Nettuno (m)	nepton	نپتون
Plutone (m)	poloton	پلوتون
Via (f) Lattea	kahkešān rāh-e širi	کهکشان راه شیری
Orsa (f) Maggiore	dobb-e akbar	دب اکبر
Stella (f) Polare	setāre-ye qotbi	ستاره قطبی
marziano (m)	merrixi	مریخی
extraterrestre (m)	farā zamini	فرا زمینی

alieno (m)	mowjud fazāyi	موجود فضایی
disco (m) volante	bošqāb-e parande	بشقاب پرنده
nave (f) spaziale	fazā peymā	فضا پیما
stazione (f) spaziale	istgāh-e fazāyi	ایستگاه فضایی
lancio (m)	rāh andāzi	راه اندازی
motore (m)	motor	موتور
ugello (m)	nāzel	نازل
combustibile (m)	suxt	سوخت
cabina (f) di pilotaggio	kābin	کابین
antenna (f)	ānten	آنتن
oblò (m)	panjere	پنجره
batteria (f) solare	bātri-ye xoršidi	باطری خورشیدی
scafandro (m)	lebās-e fazānavardi	لباس فضانوردی
imponderabilità (f)	bi vazni	بی وزنی
ossigeno (m)	oksižen	اکسیژن
aggancio (m)	vasl	وصل
agganciarsi (vr)	vasl kardan	وصل کردن
osservatorio (m)	rasadxāne	رصدخانه
telescopio (m)	teleskop	تلسکوپ
osservare (vt)	mošāhede kardan	مشاهده کردن
esplorare (vt)	kašf kardan	کشف کردن

165. La Terra

la Terra	zamin	زمین
globo (m) terrestre	kare-ye zamin	کرهٔ زمین
pianeta (m)	sayyāre	سیاره
atmosfera (f)	jav	جو
geografia (f)	joqrāfiyā	جغرافیا
natura (f)	tabi'at	طبیعت
mappamondo (m)	kare-ye joqrāfiyāyi	کرهٔ جغرافیایی
carta (f) geografica	naqše	نقشه
atlante (m)	atlas	اطلس
Europa (f)	orupā	اروپا
Asia (f)	āsiyā	آسیا
Africa (f)	āfriqā	آفریقا
Australia (f)	ostorāliyā	استرالیا
America (f)	emrikā	امریکا
America (f) del Nord	emrikā-ye šomāli	امریکای شمالی
America (f) del Sud	emrikā-ye jonubi	امریکای جنوبی
Antartide (f)	qotb-e jonub	قطب جنوب
Artico (m)	qotb-e šomāl	قطب شمال

166. Punti cardinali

nord (m)	šomāl	شمال
a nord	be šomāl	به شمال
al nord	dar šomāl	در شمال
del nord (agg)	šomāli	شمالی
sud (m)	jonub	جنوب
a sud	be jonub	به جنوب
al sud	dar jonub	در جنوب
del sud (agg)	jonubi	جنوبی
ovest (m)	qarb	غرب
a ovest	be qarb	به غرب
all'ovest	dar qarb	در غرب
dell'ovest, occidentale	qarbi	غربی
est (m)	šarq	شرق
a est	be šarq	به شرق
all'est	dar šarq	در شرق
dell'est, orientale	šarqi	شرقی

167. Mare. Oceano

mare (m)	daryā	دریا
oceano (m)	oqyānus	اقیانوس
golfo (m)	xalij	خلیج
stretto (m)	tange	تنگه
terra (f) (terra firma)	zamin	زمین
continente (m)	qāre	قاره
isola (f)	jazire	جزیره
penisola (f)	šeb-e jazire	شبه جزیره
arcipelago (m)	majma'-ol-jazāyer	مجمع‌الجزایر
baia (f)	xalij-e kučak	خلیج کوچک
porto (m)	langargāh	لنگرگاه
laguna (f)	mordāb	مرداب
capo (m)	damāqe	دماغه
atollo (m)	jazire-ye marjāni	جزیره مرجانی
scogliera (f)	tappe-ye daryāyi	تپه دریایی
corallo (m)	marjān	مرجان
barriera (f) corallina	tappe-ye marjāni	تپه مرجانی
profondo (agg)	amiq	عمیق
profondità (f)	omq	عمق
abisso (m)	partgāh	پرتگاه
fossa (f) (~ delle Marianne)	derāz godāl	درازگودال
corrente (f)	jaryān	جریان
circondare (vt)	ehāte kardan	احاطه کردن

litorale (m)	sāhel	ساحل
costa (f)	sāhel	ساحل
alta marea (f)	mod	مد
bassa marea (f)	jazr	جزر
banco (m) di sabbia	sāhel-e šeni	ساحل شنی
fondo (m)	qa'r	قعر
onda (f)	mowj	موج
cresta (f) dell'onda	nok	نوک
schiuma (f)	kaf	کف
tempesta (f)	tufān-e daryāyi	طوفان دریایی
uragano (m)	tufān	طوفان
tsunami (m)	sonāmi	سونامی
bonaccia (f)	sokun-e daryā	سکون دریا
tranquillo (agg)	ārām	آرام
polo (m)	qotb	قطب
polare (agg)	qotbi	قطبی
latitudine (f)	arz-e joqrāfiyāyi	عرض جغرافیایی
longitudine (f)	tul-e joqrāfiyāyi	طول جغرافیایی
parallelo (m)	movāzi	موازی
equatore (m)	xatt-e ostavā	خط استوا
cielo (m)	āsemān	آسمان
orizzonte (m)	ofoq	افق
aria (f)	havā	هوا
faro (m)	fānus-e daryāyi	فانوس دریایی
tuffarsi (vr)	širje raftan	شیرجه رفتن
affondare (andare a fondo)	qarq šodan	غرق شدن
tesori (m)	ganj	گنج

168. Montagne

monte (m), montagna (f)	kuh	کوه
catena (f) montuosa	rešte-ye kuh	رشته کوه
crinale (m)	selsele-ye jebāl	سلسله جبال
cima (f)	qolle	قله
picco (m)	qolle	قله
piedi (m pl)	dāmane-ye kuh	دامنهٔ کوه
pendio (m)	šib	شیب
vulcano (m)	ātaš-fešān	آتشفشان
vulcano (m) attivo	ātaš-fešān-e fa'āl	آتش فشان فعال
vulcano (m) inattivo	ātaš-fešān-e xāmuš	آتش فشان خاموش
eruzione (f)	favarān	فوران
cratere (m)	dahāne-ye ātašfešān	دهانهٔ آتش فشان
magma (m)	māgmā	ماگما
lava (f)	godāze	گدازه

fuso (lava ~a)	godāxte	گداخته
canyon (m)	tange	تنگه
gola (f)	darre-ye tang	دره تنگ
crepaccio (m)	tange	تنگه
precipizio (m)	partgāh	پرتگاه
passo (m), valico (m)	gozargāh	گذرگاه
altopiano (m)	falāt	فلات
falesia (f)	saxre	صخره
collina (f)	tappe	تپه
ghiacciaio (m)	yaxčāl	یخچال
cascata (f)	ābšār	آبشار
geyser (m)	češme-ye āb-e garm	چشمهٔ آب گرم
lago (m)	daryāče	دریاچه
pianura (f)	jolge	جلگه
paesaggio (m)	manzare	منظره
eco (f)	en'ekās-e sowt	انعکاس صوت
alpinista (m)	kuhnavard	کوهنورد
scalatore (m)	saxre-ye navard	صخره نورد
conquistare (~ una cima)	fath kardan	فتح کردن
scalata (f)	so'ud	صعود

169. Fiumi

fiume (m)	rudxāne	رودخانه
fonte (f) (sorgente)	češme	چشمه
letto (m) (~ del fiume)	bastar	بستر
bacino (m)	howze	حوضه
sfociare nel ...	rixtan	ریختن
affluente (m)	enše'āb	انشعاب
riva (f)	sāhel	ساحل
corrente (f)	jaryān	جریان
a valle	be samt-e pāin-e rudxāne	به سمت پائین رودخانه
a monte	be samt-e bālā-ye rudxāne	به سمت بالای رودخانه
inondazione (f)	seyl	سیل
piena (f)	toqyān	طغیان
straripare (vi)	toqyān kardan	طغیان کردن
inondare (vt)	toqyān kardan	طغیان کردن
secca (f)	tangāb	تنگاب
rapida (f)	tondāb	تندآب
diga (f)	sad	سد
canale (m)	kānāl	کانال
bacino (m) di riserva	maxzan-e āb	مخزن آب
chiusa (f)	ābgir	آبگیر
specchio (m) d'acqua	maxzan-e āb	مخزن آب
palude (f)	bātlāq	باتلاق

pantano (m)	lajan zār	لجن زار
vortice (m)	gerdāb	گرداب
ruscello (m)	ravad	رود
potabile (agg)	āšāmidani	آشامیدنی
dolce (di acqua ~)	širin	شیرین
ghiaccio (m)	yax	یخ
ghiacciarsi (vr)	yax bastan	یخ بستن

170. Foresta

foresta (f)	jangal	جنگل
forestale (agg)	jangali	جنگلی
foresta (f) fitta	jangal-e anbuh	جنگل انبوه
boschetto (m)	biše	بیشه
radura (f)	marqzār	مرغزار
roveto (m)	biše-hā	بیشه ها
boscaglia (f)	bute zār	بوته زار
sentiero (m)	kure-ye rāh	کوره راه
calanco (m)	darre	دره
albero (m)	deraxt	درخت
foglia (f)	barg	برگ
fogliame (m)	šāx-o barg	شاخ و برگ
caduta (f) delle foglie	barg rizi	برگ ریزی
cadere (vi)	rixtan	ریختن
cima (f)	nok	نوک
ramo (m), ramoscello (m)	šāxe	شاخه
ramo (m)	šāxe	شاخه
gemma (f)	šokufe	شکوفه
ago (m)	suzan	سوزن
pigna (f)	maxrut-e kāj	مخروط کاج
cavità (f)	surāx	سوراخ
nido (m)	lāne	لانه
tana (f) (del fox, ecc.)	lāne	لانه
tronco (m)	tane	تنه
radice (f)	riše	ریشه
corteccia (f)	pust	پوست
musco (m)	xaze	خزه
sradicare (vt)	rišekan kardan	ریشه کن کردن
abbattere (~ un albero)	boridan	بریدن
disboscare (vt)	boridan	بریدن
ceppo (m)	kande-ye deraxt	کندهٔ درخت
falò (m)	ātaš	آتش
incendio (m) boschivo	ātaš suzi	آتش سوزی

spegnere (vt)	xāmuš kardan	خاموش کردن
guardia (f) forestale	jangal bān	جنگل بان
protezione (f)	mohāfezat	محافظت
proteggere (~ la natura)	mohāfezat kardan	محافظت کردن
bracconiere (m)	šekārči-ye qeyr-e qānuni	شکارچی غیر قانونی
tagliola (f) (~ per orsi)	tale	تله
raccogliere (vt)	čidan	چیدن
perdersi (vr)	gom šodan	گم شدن

171. Risorse naturali

risorse (f pl) naturali	manābe-ʻe tabii	منابع طبیعی
minerali (m pl)	mavādd-e maʻdani	مواد معدنی
deposito (m) (~ di carbone)	tah nešast	ته نشست
giacimento (m) (~ petrolifero)	meydān	میدان
estrarre (vt)	estexrāj kardan	استخراج کردن
estrazione (f)	estexrāj	استخراج
minerale (m) grezzo	sang-e maʻdani	سنگ معدنی
miniera (f)	maʻdan	معدن
pozzo (m) di miniera	maʻdan	معدن
minatore (m)	maʻdanči	معدنچی
gas (m)	gāz	گاز
gasdotto (m)	lule-ye gāz	لولهٔ گاز
petrolio (m)	naft	نفت
oleodotto (m)	lule-ye naft	لولهٔ نفت
torre (f) di estrazione	čāh-e naft	چاه نفت
torre (f) di trivellazione	dakal-e haffāri	دکل حفاری
petroliera (f)	tānker	تانکر
sabbia (f)	šen	شن
calcare (m)	sang-e āhak	سنگ آهک
ghiaia (f)	sangrize	سنگریزه
torba (f)	turb	تورب
argilla (f)	xāk-e ros	خاک رس
carbone (m)	zoqāl sang	زغال سنگ
ferro (m)	āhan	آهن
oro (m)	talā	طلا
argento (m)	noqre	نقره
nichel (m)	nikel	نیکل
rame (m)	mes	مس
zinco (m)	ruy	روی
manganese (m)	mangenez	منگنز
mercurio (m)	jive	جیوه
piombo (m)	sorb	سرب
minerale (m)	mādde-ye maʻdani	مادهٔ معدنی
cristallo (m)	bolur	بلور
marmo (m)	marmar	مرمر
uranio (m)	orāniyom	اورانیوم

La Terra. Parte 2

172. Tempo

tempo (m)	havā	هوا
previsione (f) del tempo	piš bini havā	پیش بینی هوا
temperatura (f)	damā	دما
termometro (m)	damāsanj	دماسنج
barometro (m)	havāsanj	هواسنج
umido (agg)	martub	مرطوب
umidità (f)	rotubat	رطوبت
caldo (m), afa (f)	garmā	گرما
molto caldo (agg)	dāq	داغ
fa molto caldo	havā xeyli garm ast	هوا خیلی گرم است
fa caldo	havā garm ast	هوا گرم است
caldo, mite (agg)	garm	گرم
fa freddo	sard ast	سرد است
freddo (agg)	sard	سرد
sole (m)	āftāb	آفتاب
splendere (vi)	tābidan	تابیدن
di sole (una giornata ~)	āftābi	آفتابی
sorgere, levarsi (vr)	tolu' kardan	طلوع کردن
tramontare (vi)	qorob kardan	غروب کردن
nuvola (f)	abr	ابر
nuvoloso (agg)	abri	ابری
nube (f) di pioggia	abr-e bārānzā	ابر باران زا
nuvoloso (agg)	tire	تیره
pioggia (f)	bārān	باران
piove	bārān mibārad	باران می بارد
piovoso (agg)	bārāni	بارانی
piovigginare (vi)	nam-nam bāridan	نم نم باریدن
pioggia (f) torrenziale	bārān šodid	باران شدید
acquazzone (m)	ragbār	رگبار
forte (una ~ pioggia)	šadid	شدید
pozzanghera (f)	čāle	چاله
bagnarsi (~ sotto la pioggia)	xis šodan	خیس شدن
foschia (f), nebbia (f)	meh	مه
nebbioso (agg)	meh ālud	مه آلود
neve (f)	barf	برف
nevica	barf mibārad	برف می بارد

173. Rigide condizioni metereologiche. Disastri naturali

temporale (m)	tufān	طوفان
fulmine (f)	barq	برق
lampeggiare (vi)	barq zadan	برق زدن
tuono (m)	ra'd	رعد
tuonare (vi)	qorridan	غریدن
tuona	ra'd mizanad	رعد می زند
grandine (f)	tagarg	تگرگ
grandina	tagarg mibārad	تگرگ می بارد
inondare (vt)	toqyān kardan	طغیان کردن
inondazione (f)	seyl	سیل
terremoto (m)	zamin-larze	زمین لرزه
scossa (f)	tekān	تکان
epicentro (m)	kānun-e zaminlarze	کانون زمین لرزه
eruzione (f)	favarān	فوران
lava (f)	godāze	گدازه
tromba (f), tornado (m)	gerdbād	گردباد
tifone (m)	tufān	طوفان
uragano (m)	tufān	طوفان
tempesta (f)	tufān	طوفان
tsunami (m)	sonāmi	سونامی
ciclone (m)	gerdbād	گردباد
maltempo (m)	havā-ye bad	هوای بد
incendio (m)	ātaš suzi	آتش سوزی
disastro (m)	balā-ye tabi'i	بلای طبیعی
meteorite (m)	sang-e āsmāni	سنگ آسمانی
valanga (f)	bahman	بهمن
slavina (f)	bahman	بهمن
tempesta (f) di neve	kulāk	کولاک
bufera (f) di neve	barf-o burān	برف و بوران

Fauna

174. Mammiferi. Predatori

predatore (m)	heyvān-e darande	حیوان درنده
tigre (f)	bebar	ببر
leone (m)	šir	شیر
lupo (m)	gorg	گرگ
volpe (m)	rubāh	روباه
giaguaro (m)	jagvār	جگوار
leopardo (m)	palang	پلنگ
ghepardo (m)	yuzpalang	یوزپلنگ
pantera (f)	palang-e siyāh	پلنگ سیاه
puma (f)	yuzpalang	یوزپلنگ
leopardo (m) delle nevi	palang-e barfi	پلنگ برفی
lince (f)	siyāh guš	سیاه گوش
coyote (m)	gorg-e sahrāyi	گرگ صحرایی
sciacallo (m)	šoqāl	شغال
iena (f)	kaftār	کفتار

175. Animali selvatici

animale (m)	heyvān	حیوان
bestia (f)	heyvān	حیوان
scoiattolo (m)	sanjāb	سنجاب
riccio (m)	xārpošt	خارپشت
lepre (f)	xarguš	خرگوش
coniglio (m)	xarguš	خرگوش
tasso (m)	gurkan	گورکن
procione (f)	rākon	راکون
criceto (m)	muš-e bozorg	موش بزرگ
marmotta (f)	muš-e xormā-ye kuhi	موش خرمای کوهی
talpa (f)	muš-e kur	موش کور
topo (m)	muš	موش
ratto (m)	muš-e sahrāyi	موش صحرایی
pipistrello (m)	xoffāš	خفاش
ermellino (m)	qāqom	قاقم
zibellino (m)	samur	سمور
martora (f)	samur	سمور
donnola (f)	rāsu	راسو
visone (m)	tire-ye rāsu	تیره راسو

castoro (m)	sag-e ābi	سگ آبی
lontra (f)	samur ābi	سمور آبی
cavallo (m)	asb	اسب
alce (m)	gavazn	گوزن
cervo (m)	āhu	آهو
cammello (m)	šotor	شتر
bisonte (m) americano	gāvmiš	گاومیش
bisonte (m) europeo	gāv miš	گاو میش
bufalo (m)	bufālo	بوفالو
zebra (f)	gurexar	گورخر
antilope (f)	boz-e kuhi	بز کوهی
capriolo (m)	šukā	شوکا
daino (m)	qazāl	غزال
camoscio (m)	boz-e kuhi	بز کوهی
cinghiale (m)	gorāz	گراز
balena (f)	nahang	نهنگ
foca (f)	fak	فک
tricheco (m)	širmāhi	شیرماهی
otaria (f)	gorbe-ye ābi	گربهٔ آبی
delfino (m)	delfin	دلفین
orso (m)	xers	خرس
orso (m) bianco	xers-e sefid	خرس سفید
panda (m)	pāndā	پاندا
scimmia (f)	meymun	میمون
scimpanzè (m)	šampānze	شمپانزه
orango (m)	orāngutān	اورانگوتان
gorilla (m)	guril	گوریل
macaco (m)	mākāk	ماکاک
gibbone (m)	gibon	گیبون
elefante (m)	fil	فیل
rinoceronte (m)	kargadan	کرگدن
giraffa (f)	zarrāfe	زرافه
ippopotamo (m)	asb-e ābi	اسب آبی
canguro (m)	kāngoro	کانگورو
koala (m)	kovālā	کوالا
mangusta (f)	xadang	خدنگ
cincillà (f)	čin čila	چین چیلا
moffetta (f)	rāsu-ye badbu	راسوی بدبو
istrice (m)	taši	تشی

176. Animali domestici

gatta (f)	gorbe	گربه
gatto (m)	gorbe-ye nar	گربهٔ نر
cane (m)	sag	سگ

cavallo (m)	asb	اسب
stallone (m)	asb-e nar	اسب نر
giumenta (f)	mādiyān	مادیان
mucca (f)	gāv	گاو
toro (m)	gāv-e nar	گاو نر
bue (m)	gāv-e axte	گاو اخته
pecora (f)	gusfand	گوسفند
montone (m)	gusfand-e nar	گوسفند نر
capra (f)	boz-e mādde	بز ماده
caprone (m)	boz-e nar	بز نر
asino (m)	xar	خر
mulo (m)	qāter	قاطر
porco (m)	xuk	خوک
porcellino (m)	bače-ye xuk	بچهٔ خوک
coniglio (m)	xarguš	خرگوش
gallina (f)	morq	مرغ
gallo (m)	xorus	خروس
anatra (f)	ordak	اردک
maschio (m) dell'anatra	ordak-e nar	اردک نر
oca (f)	qāz	غاز
tacchino (m)	buqalamun-e nar	بوقلمون نر
tacchina (f)	buqalamun-e māde	بوقلمون ماده
animali (m pl) domestici	heyvānāt-e ahli	حیوانات اهلی
addomesticato (agg)	ahli	اهلی
addomesticare (vt)	rām kardan	رام کردن
allevare (vt)	parvareš dādan	پرورش دادن
fattoria (f)	mazrae	مزرعه
pollame (m)	morq-e xānegi	مرغ خانگی
bestiame (m)	dām	دام
branco (m), mandria (f)	galle	گله
scuderia (f)	establ	اصطبل
porcile (m)	āqol xuk	آغل خوک
stalla (f)	āqol gāv	آغل گاو
conigliera (f)	lanye xarguš	لانه خرگوش
pollaio (m)	morq dāni	مرغ دانی

177. Cani. Razze canine

cane (m)	sag	سگ
cane (m) da pastore	sag-e gele	سگ گله
pastore (m) tedesco	sag-e ĵerman šeperd	سگ ژرمن شپرد
barbone (m)	pudel	پودل
bassotto (m)	sag-e pākutāh	سگ پاکوتاه
bulldog (m)	buldāg	بولداگ

boxer (m)	boksor	بوکسور
mastino (m)	māstif	ماستیف
rottweiler (m)	rotveylir	روتویلیر
dobermann (m)	dobermen	دوبرمن
bassotto (m)	ba'ṡ-at	باسیت
bobtail (m)	dam čatri	دم چتری
dalmata (m)	dālmāsi	دالماسی
cocker (m)	kākir spāniyel	کاکیر سپانییل
terranova (m)	nyufāundland	نیوفاوندلند
sanbernardo (m)	sant bernārd	سنت برنارد
husky (m)	sag-e surtme	سگ سورتمه
chow chow (m)	čāu-čāu	چاو-چاو
volpino (m)	espitz	اسپیتز
carlino (m)	pāg	پاگ

178. Versi emessi dagli animali

abbaiamento (m)	vāq vāq	واق واق
abbaiare (vi)	vāq-vāq kardan	واق واق کردن
miagolare (vi)	miyu-miyu kardan	میو میو کردن
fare le fusa	xor-xor kardan	خرخر کردن
muggire (vacca)	mu-mu kardan	مو مو کردن
muggire (toro)	na're kešidan	نعره کشیدن
ringhiare (vi)	qorqor kardan	غرغر کردن
ululato (m)	zuze	زوزه
ululare (vi)	zuze kešidan	زوزه کشیدن
guaire (vi)	zuze kešidan	زوزه کشیدن
belare (pecora)	ba'ba' kardan	بع بع کردن
grugnire (maiale)	xor-xor kardan	خرخر کردن
squittire (vi)	jiq zadan	جیغ زدن
gracidare (rana)	qur-qur kardan	قورقور کردن
ronzare (insetto)	vez-vez kardan	وزوز کردن
frinire (vi)	jir-jir kardan	جیر جیر کردن

179. Uccelli

uccello (m)	parande	پرنده
colombo (m), piccione (m)	kabutar	کبوتر
passero (m)	gonješk	گنجشک
cincia (f)	morq-e zanburxār	مرغ زنبورخوار
gazza (f)	zāqi	زاغی
corvo (m)	kalāq-e siyāh	کلاغ سیاه
cornacchia (f)	kalāq	کلاغ
taccola (f)	zāq	زاغ

corvo (m) nero	kalāq-e siyāh	کلاغ سیاه
anatra (f)	ordak	اردک
oca (f)	qāz	غاز
fagiano (m)	qarqāvol	قرقاول
aquila (f)	oqāb	عقاب
astore (m)	qerqi	قرقی
falco (m)	šāhin	شاهین
grifone (m)	karkas	کرکس
condor (m)	karkas-e emrikāyi	کرکس امریکایی
cigno (m)	qu	قو
gru (f)	dornā	درنا
cicogna (f)	lak lak	لک لک
pappagallo (m)	tuti	طوطی
colibrì (m)	morq-e magas-e xār	مرغ مگس خوار
pavone (m)	tāvus	طاووس
struzzo (m)	šotormorq	شترمرغ
airone (m)	havāsil	حواصیل
fenicottero (m)	felāmingo	فلامینگو
pellicano (m)	pelikān	پلیکان
usignolo (m)	bolbol	بلبل
rondine (f)	parastu	پرستو
tordo (m)	bāstarak	باسترک
tordo (m) sasello	torqe	طرقه
merlo (m)	tukā-ye siyāh	توکای سیاه
rondone (m)	bādxorak	بادخورک
allodola (f)	čakāvak	چکاوک
quaglia (f)	belderčin	بلدرچین
picchio (m)	dārkub	دارکوب
cuculo (m)	fāxte	فاخته
civetta (f)	joqd	جغد
gufo (m) reale	šāh buf	شاه بوف
urogallo (m)	siāh xorus	سیاه خروس
fagiano (m) di monte	siāh xorus-e jangali	سیاه خروس جنگلی
pernice (f)	kabk	کبک
storno (m)	sār	سار
canarino (m)	qanāri	قناری
francolino (m) di monte	siyāh xorus-e fandoqi	سیاه خروس فندقی
fringuello (m)	sehre-ye jangali	سهره جنگلی
ciuffolotto (m)	sohre sar-e siyāh	سهره سر سیاه
gabbiano (m)	morq-e daryāyi	مرغ دریایی
albatro (m)	morq-e daryāyi	مرغ دریایی
pinguino (m)	pangoan	پنگوئن

180. Uccelli. Cinguettio e versi

cantare (vi)	xāndan	خواندن
gridare (vi)	faryād kardan	فریاد کردن
cantare (gallo)	ququli ququ kardan	قوقولی قوقو کردن
chicchirichì (m)	ququli ququ	قوقولی قوقو
chiocciare (gallina)	qodqod kardan	قدقد کردن
gracchiare (vi)	qār-qār kardan	قارقار کردن
fare qua qua	qāt-qāt kardan	قات قات کردن
pigolare (vi)	jir-jir kardan	جیر جیر کردن
cinguettare (vi)	jik-jik kardan	جیک جیک کردن

181. Pesci. Animali marini

abramide (f)	māhi-ye sim	ماهی سیم
carpa (f)	kapur	کپور
perca (f)	māhi-e luti	ماهی لوتی
pesce (m) gatto	gorbe-ye māhi	گربه ماهی
luccio (m)	ordak māhi	اردک ماهی
salmone (m)	māhi-ye salemon	ماهی سالمون
storione (m)	māhi-ye xāviār	ماهی خاویار
aringa (f)	māhi-ye šur	ماهی شور
salmone (m)	sālmon-e atlāntik	سالمون اتلانتیک
scombro (m)	māhi-ye esqumeri	ماهی اسقومری
sogliola (f)	sofre māhi	سفره ماهی
lucioperca (f)	suf	سوف
merluzzo (m)	māhi-ye rowqan	ماهی روغن
tonno (m)	tan māhi	تن ماهی
trota (f)	māhi-ye qezelālā	ماهی قزل آلا
anguilla (f)	mārmāhi	مارماهی
torpedine (f)	partomahiye barqi	پرتوماهی برقی
murena (f)	mārmāhi	مارماهی
piranha (f)	pirānā	پیرانا
squalo (m)	kuse-ye māhi	کوسه ماهی
delfino (m)	delfin	دلفین
balena (f)	nahang	نهنگ
granchio (m)	xarčang	خرچنگ
medusa (f)	arus-e daryāyi	عروس دریایی
polpo (m)	hašt pā	هشت پا
stella (f) marina	setāre-ye daryāyi	ستاره دریایی
riccio (m) di mare	xārpošt-e daryāyi	خارپشت دریایی
cavalluccio (m) marino	asb-e daryāyi	اسب دریایی
ostrica (f)	sadaf-e xorāki	صدف خوراکی
gamberetto (m)	meygu	میگو

astice (m)	xarčang-e daryāyi	خرچنگ دریایی
aragosta (f)	xarčang-e xārdār	خرچنگ خاردار

182. Anfibi. Rettili

serpente (m)	mār	مار
velenoso (agg)	sammi	سمی
vipera (f)	af'i	افعی
cobra (m)	kobrā	کبرا
pitone (m)	mār-e pinton	مار پیتون
boa (m)	mār-e bwa	مار بوا
biscia (f)	mār-e čaman	مار چمن
serpente (m) a sonagli	mār-e zangi	مار زنگی
anaconda (f)	mār-e ānākondā	مار آناکوندا
lucertola (f)	susmār	سوسمار
iguana (f)	susmār-e deraxti	سوسمار درختی
varano (m)	bozmajje	بزمجه
salamandra (f)	samandar	سمندر
camaleonte (m)	āftāb-parast	آفتاب پرست
scorpione (m)	aqrab	عقرب
tartaruga (f)	lāk pošt	لاک پشت
rana (f)	qurbāqe	قورباغه
rospo (m)	vazaq	وزغ
coccodrillo (m)	temsāh	تمساح

183. Insetti

insetto (m)	hašare	حشره
farfalla (f)	parvāne	پروانه
formica (f)	murče	مورچه
mosca (f)	magas	مگس
zanzara (f)	paše	پشه
scarabeo (m)	susk	سوسک
vespa (f)	zanbur	زنبور
ape (f)	zanbur-e asal	زنبور عسل
bombo (m)	xar zanbur	خرزنبور
tafano (m)	xarmagas	خرمگس
ragno (m)	ankabut	عنکبوت
ragnatela (f)	tār-e ankabut	تارعنکبوت
libellula (f)	sanjāqak	سنجاقک
cavalletta (f)	malax	ملخ
farfalla (f) notturna	bid	بید
scarafaggio (m)	susk	سوسک
zecca (f)	kane	کنه

pulce (f)	kak	كك
moscerino (m)	paše-ye rize	پشه ريزه
locusta (f)	malax	ملخ
lumaca (f)	halazun	حلزون
grillo (m)	jirjirak	جيرجيرک
lucciola (f)	kerm-e šab-tāb	کرم شب تاب
coccinella (f)	kafšduzak	کفشدوزک
maggiolino (m)	susk bāldār	سوسک بالدار
sanguisuga (f)	zālu	زالو
bruco (m)	kerm-e abrišam	کرم ابريشم
verme (m)	kerm	کرم
larva (f)	lārv	لارو

184. Animali. Parti del corpo

becco (m)	nok	نوک
ali (f pl)	bāl-hā	بال ها
zampa (f)	panje	پنجه
piumaggio (m)	por-o bāl	پر و بال
penna (f), piuma (f)	por	پر
cresta (f)	kākol	کاکل
branchia (f)	ābšoš	آبشش
uova (f pl)	toxme mahi	تخم ماهی
larva (f)	lārv	لارو
pinna (f)	bāle-ye māhi	باله ماهی
squama (f)	fals	فلس
zanna (f)	niš	نيش
zampa (f)	panje	پنجه
muso (m)	puze	پوزه
bocca (f)	dahān	دهان
coda (f)	dam	دم
baffi (m pl)	sebil	سبيل
zoccolo (m)	sam	سم
corno (m)	šāx	شاخ
carapace (f)	lāk	لاک
conchiglia (f)	sadaf	صدف
guscio (m) dell'uovo	puste	پوسته
pelo (m)	pašm	پشم
pelle (f)	pust	پوست

185. Animali. Ambiente naturale

ambiente (m) naturale	zistgāh	زيستگاه
migrazione (f)	mohājerat	مهاجرت
monte (m), montagna (f)	kuh	کوه

scogliera (f)	tappe-ye daryāyi	تپه دریایی
falesia (f)	saxre	صخره
foresta (f)	jangal	جنگل
giungla (f)	jangal	جنگل
savana (f)	sāvānā	ساوانا
tundra (f)	tondrā	توندرا
steppa (f)	estep	استپ
deserto (m)	biyābān	بیابان
oasi (f)	vāhe	واحه
mare (m)	daryā	دریا
lago (m)	daryāče	دریاچه
oceano (m)	oqyānus	اقیانوس
palude (f)	bātlāq	باتلاق
di acqua dolce	ab-e širin	آب شیرین
stagno (m)	tālāb	تالاب
fiume (m)	rudxāne	رودخانه
tana (f) (dell'orso)	lāne-ye xers	لانه خرس
nido (m)	lāne	لانه
cavità (f) (~ in un albero)	surāx	سوراخ
tana (f) (del fox, ecc.)	lāne	لانه
formicaio (m)	lāne-ye murče	لانهٔ مورچه

Flora

186. Alberi

albero (m)	deraxt	درخت
deciduo (agg)	barg riz	برگ ریز
conifero (agg)	maxrutiyān	مخروطیان
sempreverde (agg)	hamiše sabz	همیشه سبز
melo (m)	deraxt-e sib	درخت سیب
pero (m)	golābi	گلابی
ciliegio (m)	gilās	گیلاس
amareno (m)	ālbālu	آلبالو
prugno (m)	ālu	آلو
betulla (f)	tus	توس
quercia (f)	balut	بلوط
tiglio (m)	zirfun	زیرفون
pioppo (m) tremolo	senowbar-e larzān	صنوبر لرزان
acero (m)	afrā	افرا
abete (m)	senowbar	صنوبر
pino (m)	kāj	کاج
larice (m)	senowbar-e ārāste	صنوبر آراسته
abete (m) bianco	šāh deraxt	شاه درخت
cedro (m)	sedr	سدر
pioppo (m)	sepidār	سپیدار
sorbo (m)	zabān gonješk-e kuhi	زبان گنجشک کوهی
salice (m)	bid	بید
alno (m)	tuskā	توسکا
faggio (m)	rāš	راش
olmo (m)	nārvan-e qermez	نارون قرمز
frassino (m)	zabān-e gonješk	زبان گنجشک
castagno (m)	šāh balut	شاه بلوط
magnolia (f)	māgnoliyā	ماگنولیا
palma (f)	naxl	نخل
cipresso (m)	sarv	سرو
mangrovia (f)	karnā	کرنا
baobab (m)	bāobāb	بائوباب
eucalipto (m)	okaliptus	اوکالیپتوس
sequoia (f)	sorx-e čub	سرخ چوب

187. Arbusti

cespuglio (m)	bute	بوته
arbusto (m)	bute zār	بوته زار

vite (f)	angur	انگور
vigneto (m)	tākestān	تاکستان
lampone (m)	tamešk	تمشک
ribes (m) nero	angur-e farangi-ye siyāh	انگور فرنگی سیاه
ribes (m) rosso	angur-e farangi-ye sorx	انگور فرنگی سرخ
uva (f) spina	angur-e farangi	انگور فرنگی
acacia (f)	aqāqiyā	اقاقیا
crespino (m)	zerešk	زرشک
gelsomino (m)	yāsaman	یاسمن
ginepro (m)	ardaj	اردج
roseto (m)	bute-ye gol-e mohammadi	بوتهٔ گل محمدی
rosa (f) canina	nastaran	نسترن

188. Funghi

fungo (m)	qārč	قارچ
fungo (m) commestibile	qārč-e xorāki	قارچ خوراکی
fungo (m) velenoso	qārč-e sammi	قارچ سمی
cappello (m)	kolāhak-e qārč	کلاهک قارچ
gambo (m)	pāye	پایه
porcino (m)	qārč-e sefid	قارچ سفید
boleto (m) rufo	samāruq	سماروغ
porcinello (m)	qārč-e bulet	قارچ بولت
gallinaccio (m)	qārč-e zard	قارچ زرد
rossola (f)	qārč-e tiqe-ye tord	قارچ تیغه ترد
spugnola (f)	qārč-e morkelā	قارچ مورکلا
ovolaccio (m)	qārč-e magas	قارچ مگس
fungo (m) moscario	kolāhak-e marg	کلاهک مرگ

189. Frutti. Bacche

frutto (m)	mive	میوه
frutti (m pl)	mive jāt	میوه جات
mela (f)	sib	سیب
pera (f)	golābi	گلابی
prugna (f)	ālu	آلو
fragola (f)	tut-e farangi	توت فرنگی
amarena (f)	ālbālu	آلبالو
ciliegia (f)	gilās	گیلاس
uva (f)	angur	انگور
lampone (m)	tamešk	تمشک
ribes (m) nero	angur-e farangi-ye siyāh	انگور فرنگی سیاه
ribes (m) rosso	angur-e farangi-ye sorx	انگور فرنگی سرخ
uva (f) spina	angur-e farangi	انگور فرنگی

mirtillo (m) di palude	nārdānak-e vahši	ناردانک وحشی
arancia (f)	porteqāl	پرتقال
mandarino (m)	nārengi	نارنگی
ananas (m)	ānānās	آناناس
banana (f)	mowz	موز
dattero (m)	xormā	خرما
limone (m)	limu	لیمو
albicocca (f)	zardālu	زردآلو
pesca (f)	holu	هلو
kiwi (m)	kivi	کیوی
pompelmo (m)	gerip forut	گریپ فوروت
bacca (f)	mive-ye butei	میوهٔ بوته ای
bacche (f pl)	mivehā-ye butei	میوه های بوته ای
mirtillo (m) rosso	tut-e farangi-ye jangali	توت فرنگی جنگلی
fragola (f) di bosco	zoqāl axte	زغال اخته
mirtillo (m)	zoqāl axte	زغال اخته

190. Fiori. Piante

fiore (m)	gol	گل
mazzo (m) di fiori	daste-ye gol	دسته گل
rosa (f)	gol-e sorx	گل سرخ
tulipano (m)	lāle	لاله
garofano (m)	mixak	میخک
gladiolo (m)	susan-e sefid	سوسن سفید
fiordaliso (m)	gol-e gandom	گل گندم
campanella (f)	gol-e estekāni	گل استکانی
soffione (m)	gol-e qāsedak	گل قاصدک
camomilla (f)	bābune	بابونه
aloe (m)	oloviye	آلوئه
cactus (m)	kāktus	کاکتوس
ficus (m)	fikus	فیکوس
giglio (m)	susan	سوسن
geranio (m)	gol-e šamʿdāni	گل شمعدانی
giacinto (m)	sonbol	سنبل
mimosa (f)	mimosā	میموسا
narciso (m)	narges	نرگس
nasturzio (m)	gol-e lādan	گل لادن
orchidea (f)	orkide	ارکیده
peonia (f)	gol-e ašrafi	گل اشرفی
viola (f)	banafše	بنفشه
viola (f) del pensiero	banafše-ye farangi	بنفشه فرنگی
nontiscordardimé (m)	gol-e farāmuš-am makon	گل فراموشم مکن
margherita (f)	gol-e morvārid	گل مروارید
papavero (m)	xašxāš	خشخاش

canapa (f)	šāh dāne	شاه دانه
menta (f)	na'nā'	نعناع
mughetto (m)	muge	موگه
bucaneve (m)	gol-e barfi	گل برفی
ortica (f)	gazane	گزنه
acetosa (f)	toršak	ترشک
ninfea (f)	nilufar-e abi	نیلوفر آبی
felce (f)	saraxs	سرخس
lichene (m)	golesang	گلسنگ
serra (f)	golxāne	گلخانه
prato (m) erboso	čaman	چمن
aiuola (f)	baqče-ye gol	باغچه گل
pianta (f)	giyāh	گیاه
erba (f)	alaf	علف
filo (m) d'erba	alaf	علف
foglia (f)	barg	برگ
petalo (m)	golbarg	گلبرگ
stelo (m)	sāqe	ساقه
tubero (m)	riše	ریشه
germoglio (m)	javāne	جوانه
spina (f)	xār	خار
fiorire (vi)	gol kardan	گل کردن
appassire (vi)	pažmorde šodan	پژمرده شدن
odore (m), profumo (m)	bu	بو
tagliare (~ i fiori)	boridan	بریدن
cogliere (vt)	kandan	کندن

191. Cereali, granaglie

grano (m)	dāne	دانه
cereali (m pl)	qallāt	غلات
spiga (f)	xuše	خوشه
frumento (m)	gandom	گندم
segale (f)	čāvdār	چاودار
avena (f)	jow-e sahrāyi	جو صحرایی
miglio (m)	arzan	ارزن
orzo (m)	jow	جو
mais (m)	zorrat	ذرت
riso (m)	berenj	برنج
grano (m) saraceno	gandom-e siyāh	گندم سیاه
pisello (m)	noxod	نخود
fagiolo (m)	lubiyā qermez	لوبیا قرمز
soia (f)	sowyā	سویا
lenticchie (f pl)	adas	عدس
fave (f pl)	lubiyā	لوبیا

GEOGRAFIA REGIONALE

Paesi. Nazionalità

192. Politica. Governo. Parte 1

politica (f)	siyāsat	سیاست
politico (agg)	siyāsi	سیاسی
politico (m)	siyāsatmadār	سیاستمدار
stato (m) (nazione, paese)	dowlat	دولت
cittadino (m)	šahrvand	شهروند
cittadinanza (f)	šahrvandi	شهروندی
emblema (m) nazionale	nešān melli	نشان ملی
inno (m) nazionale	sorud-e melli	سرود ملی
governo (m)	hokumat	حکومت
capo (m) di Stato	rahbar-e dowlat	رهبر دولت
parlamento (m)	pārlemān	پارلمان
partito (m)	hezb	حزب
capitalismo (m)	sarmāye dāri	سرمایه داری
capitalistico (agg)	kāpitālisti	کاپیتالیستی
socialismo (m)	sosiyālism	سوسیالیسم
socialista (agg)	sosiyālisti	سوسیالیستی
comunismo (m)	komonism	کمونیسم
comunista (agg)	komonisti	کمونیستی
comunista (m)	komonist	کمونیست
democrazia (f)	demokrāsi	دموکراسی
democratico (m)	demokrāt	دموکرات
democratico (agg)	demokrātik	دموکراتیک
partito (m) democratico	hezb-e demokrāt	حزب دموکرات
liberale (m)	liberāl	لیبرال
liberale (agg)	liberāli	لیبرالی
conservatore (m)	mohāfeze kār	محافظه کار
conservatore (agg)	mohāfeze kāri	محافظه کاری
repubblica (f)	jomhuri	جمهوری
repubblicano (m)	jomhuri xāh	جمهوری خواه
partito (m) repubblicano	hezb-e jomhurixāh	حزب جمهوری خواه
elezioni (f pl)	entexābāt	انتخابات
eleggere (vt)	entexāb kardan	انتخاب کردن

elettore (m)	entexāb konande	انتخاب کننده
campagna (f) elettorale	kampeyn-e entexābāti	کمپین انتخاباتی
votazione (f)	axz-e ra'y	اخذ رأی
votare (vi)	ra'y dādan	رأی دادن
diritto (m) di voto	haqq-e ra'y	حق رأی
candidato (m)	nāmzad	نامزد
candidarsi (vr)	nāmzad šodan	نامزد شدن
campagna (f)	kampeyn	کمپین
d'opposizione (agg)	moxālef	مخالف
opposizione (f)	opozisyon	اپوزیسیون
visita (f)	vizit	ویزیت
visita (f) ufficiale	vizit-e rasmi	ویزیت رسمی
internazionale (agg)	beynolmelali	بین المللی
trattative (f pl)	mozākerāt	مذاکرات
negoziare (vi)	mozākere kardan	مذاکره کردن

193. Politica. Governo. Parte 2

società (f)	jam'iyat	جمعیت
costituzione (f)	qānun-e asāsi	قانون اساسی
potere (m) (~ politico)	hākemiyat	حاکمیت
corruzione (f)	fesād	فساد
legge (f)	qānun	قانون
legittimo (agg)	qānuni	قانونی
giustizia (f)	edālat	عدالت
giusto (imparziale)	ādel	عادل
comitato (m)	komite	کمیته
disegno (m) di legge	lāyehe-ye qānun	لایحهٔ قانون
bilancio (m)	budje	بودجه
politica (f)	siyāsat	سیاست
riforma (f)	eslāhāt	اصلاحات
radicale (agg)	efrāti	افراطی
forza (f) (potenza)	niru	نیرو
potente (agg)	moqtader	مقتدر
sostenitore (m)	tarafdār	طرفدار
influenza (f)	ta'sir	تأثیر
regime (m) (~ militare)	nezām	نظام
conflitto (m)	dargiri	درگیری
complotto (m)	towtee	توطئه
provocazione (f)	tahrik	تحریک
rovesciare (~ un regime)	sarnegun kardan	سرنگون کردن
rovesciamento (m)	sarneguni	سرنگونی
rivoluzione (f)	enqelāb	انقلاب

colpo (m) di Stato	kudetā	کودتا
golpe (m) militare	kudetā-ye nezāmi	کودتای نظامی
crisi (f)	bohrān	بحران
recessione (f) economica	rokud-e eqtesādi	رکود اقتصادی
manifestante (m)	tazāhorāt konande	تظاهرات کننده
manifestazione (f)	tazāhorāt	تظاهرات
legge (f) marziale	hālat-e nezāmi	حالت نظامی
base (f) militare	pāygāh-e nezāmi	پایگاه نظامی
stabilità (f)	sobāt	ثبات
stabile (agg)	bāsobāt	باثبات
sfruttamento (m)	bahre bardār-i	بهره برداری
sfruttare (~ i lavoratori)	bahre bardār-i kardan	بهره برداری کردن
razzismo (m)	nežādparasti	نژادپرستی
razzista (m)	nežādparast	نژادپرست
fascismo (m)	fāšizm	فاشیزم
fascista (m)	fāšist	فاشیست

194. Paesi. Varie

straniero (m)	xāreji	خارجی
straniero (agg)	xāreji	خارجی
all'estero	dar xārej	در خارج
emigrato (m)	mohājer	مهاجر
emigrazione (f)	mohājerat	مهاجرت
emigrare (vi)	mohājerat kardan	مهاجرت کردن
Ovest (m)	qarb	غرب
Est (m)	xāvar	خاور
Estremo Oriente (m)	xāvar-e-dur	خاوردور
civiltà (f)	tamaddon	تمدن
umanità (f)	ensāniyat	انسانیت
mondo (m)	jahān	جهان
pace (f)	solh	صلح
mondiale (agg)	jahāni	جهانی
patria (f)	vatan	وطن
popolo (m)	mellat	ملت
popolazione (f)	mardom	مردم
gente (f)	afrād	افراد
nazione (f)	mellat	ملت
generazione (f)	nasl	نسل
territorio (m)	qalamrow	قلمرو
regione (f)	mantaqe	منطقه
stato (m)	eyālat	ایالت
tradizione (f)	sonnat	سنت
costume (m)	ādat	عادت

ecologia (f)	mohit-e zist	محیط زیست
indiano (m)	hendi	هندی
zingaro (m)	mard-e kowli	مرد کولی
zingara (f)	zan-e kowli	زن کولی
di zingaro	kowli	کولی
impero (m)	emperāturi	امپراطوری
colonia (f)	mosta'mere	مستعمره
schiavitù (f)	bardegi	بردگی
invasione (f)	tahājom	تهاجم
carestia (f)	gorosnegi	گرسنگی

195. Principali gruppi religiosi. Credi religiosi

religione (f)	din	دین
religioso (agg)	dini	دینی
fede (f)	e'teqād	اعتقاد
credere (vi)	e'teqād dāštan	اعتقاد داشتن
credente (m)	mo'men	مؤمن
ateismo (m)	bi dini	بی دینی
ateo (m)	molhed	ملحد
cristianesimo (m)	masihiyat	مسیحیت
cristiano (m)	masihi	مسیحی
cristiano (agg)	masihi	مسیحی
cattolicesimo (m)	mazhab-e kātolik	مذهب کاتولیک
cattolico (m)	kātolik	کاتولیک
cattolico (agg)	kātolik	کاتولیک
Protestantesimo (m)	āin-e porotestān	آئین پروتستان
Chiesa (f) protestante	kelisā-ye porotestān	کلیسای پروتستان
protestante (m)	porotestān	پروتستان
Ortodossia (f)	mazhab-e ortodoks	مذهب ارتدوکس
Chiesa (f) ortodossa	kelisā-ye ortodoks	کلیسای ارتدوکس
ortodosso (m)	ortodoks	ارتدوکس
Presbiterianesimo (m)	persbiterinism	پرسبیترینیسم
Chiesa (f) presbiteriana	kelisā-ye persbiteri	کلیسای پرسبیتری
presbiteriano (m)	persbiteri	پرسبیتری
Luteranesimo (m)	kelisā-ye lutrān	کلیسای لوتران
luterano (m)	lutrān	لوتران
confessione (f) battista	kelisā-ye baptist	کلیسای باپتیست
battista (m)	baptist	باپتیست
Chiesa (f) anglicana	kelisā-ye anglikān	کلیسای انگلیکان
anglicano (m)	anglikān	انگلیکان
mormonismo (m)	ferqe-ye mormon	فرقه مورمون
mormone (m)	mormon	مورمون

giudaismo (m)	yahudiyat	یهودیت
ebreo (m)	yahudi	یهودی
buddismo (m)	budism	بودیسم
buddista (m)	budāyi	بودایی
Induismo (m)	hendi	هندی
induista (m)	hendu	هندو
Islam (m)	eslām	اسلام
musulmano (m)	mosalmān	مسلمان
musulmano (agg)	mosalmāni	مسلمانی
sciismo (m)	šiʿe	شیعه
sciita (m)	šiʿe	شیعه
sunnismo (m)	senni	سنی
sunnita (m)	senni	سنی

196. Religioni. Sacerdoti

prete (m)	kešiš	کشیش
Papa (m)	pāp	پاپ
monaco (m)	rāheb	راهب
monaca (f)	rāhebe	راهبه
pastore (m)	pišvā-ye ruhān-i	پیشوای روحانی
abate (m)	rāheb-e bozorg	راهب بزرگ
vicario (m)	keš-yaš baxš	کشیش بخش
vescovo (m)	osqof	اسقف
cardinale (m)	kārdināl	کاردینال
predicatore (m)	vāʿez	واعظ
predica (f)	moʿeze	موعظه
parrocchiani (m)	kešiš tabār	کشیش تبار
credente (m)	moʿmen	مؤمن
ateo (m)	molhed	ملحد

197. Fede. Cristianesimo. Islam

Adamo	ādam	آدم
Eva	havvā	حوا
Dio (m)	xodā	خدا
Signore (m)	xodā	خدا
Onnipotente (m)	xodā	خدا
peccato (m)	gonāh	گناه
peccare (vi)	gonāh kardan	گناه کردن
peccatore (m)	gonāhkār	گناهکار

peccatrice (f)	gonāhkār	گناهکار
inferno (m)	jahannam	جهنم
paradiso (m)	behešt	بهشت
Gesù	isā	عیسی
Gesù Cristo	isā masih	عیسی مسیح
Spirito (m) Santo	ruh olqodos	روح القدس
Salvatore (m)	monji	منجی
Madonna	maryam bākere	مریم باکره
Diavolo (m)	šeytān	شیطان
del diavolo	šeytāni	شیطانی
Satana (m)	šeytān	شیطان
satanico (agg)	šeytāni	شیطانی
angelo (m)	ferešte	فرشته
angelo (m) custode	ferešte-ye negahbān	فرشتهٔ نگهبان
angelico (agg)	ferešte i	فرشته ای
apostolo (m)	havāri	حواری
arcangelo (m)	ferešte-ye moqarrab	فرشتهٔ مقرب
Anticristo (m)	dajjāl	دجال
Chiesa (f)	kelisā	کلیسا
Bibbia (f)	enjil	انجیل
biblico (agg)	enjili	انجیلی
Vecchio Testamento (m)	ahd-e atiq	عهد عتیق
Nuovo Testamento (m)	ahd-e jadid	عهد جدید
Vangelo (m)	enjil	انجیل
Sacra Scrittura (f)	ketāb-e moqaddas	کتاب مقدس
Il Regno dei Cieli	behešt	بهشت
comandamento (m)	farmān	فرمان
profeta (m)	payāmbar	پیامبر
profezia (f)	payāmbari	پیامبری
Allah	allāh	الله
Maometto	mohammad	محمد
Corano (m)	qor'ān	قرآن
moschea (f)	masjed	مسجد
mullah (m)	mala'	ملا
preghiera (f)	namāz	نماز
pregare (vi, vt)	do'ā kardan	دعا کردن
pellegrinaggio (m)	ziyārat	زیارت
pellegrino (m)	zāer	زائر
La Mecca (f)	makke	مکه
chiesa (f)	kelisā	کلیسا
tempio (m)	haram	حرم
cattedrale (f)	kelisā-ye jāme'	کلیسای جامع
gotico (agg)	gotik	گوتیک
sinagoga (f)	kenešt	کنشت

moschea (f)	masjed	مسجد
cappella (f)	kelisā-ye kučak	کلیسای کوچک
abbazia (f)	sowme'e	صومعه
convento (m) di suore	sowme'e	صومعه
monastero (m)	deyr	دیر
campana (f)	nāqus	ناقوس
campanile (m)	borj-e nāqus	برج ناقوس
suonare (campane)	sedā kardan	صدا کردن
croce (f)	salib	صلیب
cupola (f)	gonbad	گنبد
icona (f)	šamāyel-e moqaddas	شمایل مقدس
anima (f)	jān	جان
destino (m), sorte (f)	sarnevešt	سرنوشت
male (m)	badi	بدی
bene (m)	niki	نیکی
vampiro (m)	xun āšām	خون آشام
strega (f)	jādugar	جادوگر
demone (m)	div	دیو
spirito (m)	ruh	روح
redenzione (f)	talab-e afv	طلب عفو
redimere (vt)	talab-e afv kardan	طلب عفو کردن
messa (f)	ebādat	عبادت
dire la messa	ebādat kardan	عبادت کردن
confessione (f)	marāsem-e towbe	مراسم توبه
confessarsi (vr)	towbe kardan	توبه کردن
santo (m)	qeddis	قدیس
sacro (agg)	moqaddas	مقدس
acqua (f) santa	āb-e moqaddas	آب مقدس
rito (m)	marāsem	مراسم
rituale (agg)	āyini	آیینی
sacrificio (m) (offerta)	qorbāni	قربانی
superstizione (f)	xorāfe	خرافه
superstizioso (agg)	xorāfāti	خرافاتی
vita (f) dell'oltretomba	zendegi pas az marg	زندگی پس ازمرگ
vita (f) eterna	zendegi-ye jāvid	زندگی جاوید

VARIE

198. Varie parole utili

aiuto (m)	komak	کمک
barriera (f) (ostacolo)	hesār	حصار
base (f)	pāye	پایه
bilancio (m) (equilibrio)	ta'ādol	تعادل
categoria (f)	tabaqe	طبقه
causa (f) (ragione)	sabab	سبب
coincidenza (f)	tatāboq	تطابق
comodo (agg)	rāhat	راحت
compenso (m)	jobrān	جبران
confronto (m)	qiyās	قیاس
cosa (f) (oggetto, articolo)	čiz	چیز
crescita (f)	rošd	رشد
differenza (f)	farq	فرق
effetto (m)	asar	اثر
elemento (m)	onsor	عنصر
errore (m)	eštebāh	اشتباه
esempio (m)	mesāl	مثال
fatto (m)	haqiqat	حقیقت
forma (f) (aspetto)	šekl	شکل
frequente (agg)	mokarrar	مکرر
genere (m) (tipo, sorta)	no'	نوع
grado (m) (livello)	daraje	درجه
ideale (m)	ide āl	ایده آل
inizio (m)	šoru'	شروع
labirinto (m)	hezār tuy	هزارتوی
modo (m) (maniera)	tariq	طریق
momento (m)	lahze	لحظه
oggetto (m) (cosa)	mabhas	مبحث
originale (m) (non è una copia)	asli	اصلی
ostacolo (m)	māne'	مانع
parte (f) (~ di qc)	joz	جزء
particella (f)	zarre	ذره
pausa (f)	tavaqqof	توقف
pausa (f) (sosta)	maks	مکث
posizione (f)	vaz'	وضع
principio (m)	asl	اصل
problema (m)	moškel	مشکل
processo (m)	ravand	روند
progresso (m)	taraqqi	ترقی

proprietà (f) (qualità)	xāsiyat	خاصیت
reazione (f)	vākoneš	واکنش
rischio (m)	risk	ریسک
ritmo (m)	sor'at	سرعت
scelta (f)	entexāb	انتخاب
segreto (m)	rāz	راز
serie (f)	seri	سری
sfondo (m)	zamine	زمینه
sforzo (m) (fatica)	kušeš	کوشش
sistema (m)	sistem	سیستم
situazione (f)	vaz'iyat	وضعیت
soluzione (f)	hal	حل
standard (agg)	estāndārd	استاندارد
standard (m)	estāndārd	استاندارد
stile (m)	sabok	سبک
sviluppo (m)	pišraft	پیشرفت
tabella (f) (delle calorie, ecc.)	jadval	جدول
termine (m)	etmām	اتمام
termine (m) (parola)	estelāh	اصطلاح
tipo (m)	no'	نوع
turno (m) (aspettare il proprio ~)	nowbat	نوبت
urgente (agg)	fowri	فوری
urgentemente	foran	فوراً
utilità (f)	fāyede	فایده
variante (f)	moteqayyer	متغیر
verità (f)	haqiqat	حقیقت
zona (f)	mantaqe	منطقه

www.ingramcontent.com/pod-product-compliance
Lightning Source LLC
LaVergne TN
LVHW051341080426
835509LV00020BA/3237

* 9 7 8 1 7 8 7 1 6 7 4 9 0 *